Compiladoras:

Vanina Andrea Angiono

María Cristina Fernández Reuter

Laura Beatriz Mercado

Manual de los trastornos de la Comunicación, el Lenguaje y el Habla

"Una mirada interdisciplinaria en niños y adultos"

Autoras:

Vanina Andrea Angiono

María Pia Coscueta

Cristina Fernández Reuter

Laura Beatriz Mercado

María Eugenia Sfaello

Carolina Ussher

Editorial Brujas

ENCUENTRO
Grupo Editor

Editorial Brujas

Pluma Libro

Miembros de la CÁMARA
ARGENTINA DEL LIBRO

Título: *Manual de los trastornos de la Comunicación, el Lenguaje y el Habla*
"Una mirada interdisciplinaria en niños y adultos"

Compiladoras: Vanina Andrea Angiono, María Cristina Fernández Reuter,
Laura Beatriz Mercado

Autoras: Vanina Andrea Angiono, María Pia Coscueta,
María Cristina Fernández Reuter, Laura Beatriz Mercado,
María Eugenia Sfaello, Carolina Ussher.

Colaboradora: Lic. Fga. Alicia Garrot

Manual de los trastornos de la comunicación, el lenguaje y el habla : una mirada
lingüística e interdisciplinaria acerca de los mismos en niños y adultos / Vanina Andrea
Angiono ... [et al.] ; contribuciones de Alicia Garrot ; compilado por Vanina Andrea
Angiono ; María Cristina Fernández Reuter ; Laura Mercado. - 1a ed . - Córdoba :
Brujas, 2019.
200 p. ; 23 x 15 cm.

1. Fonoaudiología. 2. Salud. 3. Manual. I. Angiono, Vanina Andrea, comp. II. Garrot,
Alicia, colab. III. Fernández Reuter, María Cristina , comp. V. Mercado, Laura, comp.
CDD 414

ENCUENTRO Grupo Editor

Editorial Brujas

PlumaLibro

Miembros de la CÁMARA
ARGENTINA DEL LIBRO

www.editorialbrujas.com.ar publicaciones@editorialbrujas.com.ar
Tel/fax: (0351) 4606044 / 4691616- Pasaje España 1486 Córdoba–Argentina.

ENCUENTRO
Grupo Editor

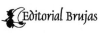 Editorial Brujas

 PlumaLibro

 Miembros de la CÁMARA
ARGENTINA DEL LIBRO

AGRADECIMIENTOS

A los Maestros de la vida: docentes, pacientes y alumnos...

A los compañeros de aprendizajes: colegas, "coequipers" y familia...

A quienes donaron sus valiosos saberes para este manual:
                                                    GRACIAS!

Índice

Prólogo

Es un placer y un honor prologar esta generosa obra literaria:
El "Manual de los Trastornos de la Comunicación, el Lenguaje, y el
Habla" destinado a promover los procesos de enseñanza y aprendizaje de los estudiantes de la Escuela de Fonoaudiología de la Universidad Nacional de Córdoba. Por supuesto ellos no serán los únicos
beneficiados por esta obra, la comunidad fonoaudiológica también
lo será.

Este libro ha sido creado por un precioso manojo de especialistas en comunicación, lenguaje y educación: Vanina Angiono,
Pía Coscueta, Cristina Fernández Reuter, Laura Mercado, Eugenia
Sfaello y Carolina Ussher, perteneciendo a una nueva generación
de docentes de la Escuela de Fonoaudiología, Facultad de Ciencias
Médicas, Universidad Nacional de Córdoba y de profesionales fonoaudiólogos y psicopedagogos.

Esta nueva generación de profesionales está abierta a innovadoras informaciones y a inexplorados procesos relacionales. Ellos forman parte de la dinámica evolutiva de las ciencias y su aplicación,
en un área de conocimiento intrincado y multifacético como el de la
comunicación, el lenguaje y el aprendizaje.

Como bien expresan las autoras, el *Lenguaje es lo que es, por lo
que tiene que hacer y su principal misión es Comunicar.* La comunicación no es una capacidad sino un derecho.

Teniendo en cuenta este punto de vista, los conceptos y procesos
que guían al terapeuta especializado deben cambiar, y con ellos las
estructuras de conocimiento que los sustentan. El privilegio de los
lectores es que comenzaran su aprendizaje con una nueva visión, de
la mano de quienes están conscientes acerca del cambio.

La Comunicación y el Lenguaje no existen sin el individuo, el individuo social, el cognitivo, el emocional, el físico y el espiritual. Un terapeuta responsable debe comprender, tomar, hacer propio este exquisito proceso, el de la comunicación y el lenguaje, en su abstracción y en su manifestación. Para ello se requiere un procesamiento consciente de la información recibida de sus maestros y de su propia experiencia profesional si la tuvieran.

Este manual es una fuente organizada de la información a procesar. Pero además, el manual está plagado de "rastreadores de consciencia". Ellos están presentes, abrazados al texto, iluminando y orientando la interpretación consciente de la información entregada.

Nunca es apropiado el desarrollo temático en un prólogo. Sin embargo, no puedo resistir la tentación de hacer referencia a los "procesamientos conscientes". El material informativo que el manual les entrega es digno de procesarse íntegramente.

Voy a permitirme mencionar superficialmente, a manera de ayuda, un modelo que fue creado para mis alumnos de postgrado. Algunas de las autoras lo reconocerán sin duda.

La metáfora del reloj de arena: *"Todo proceso de conocimiento comienza en un estado de generalización primaria en donde todo aparece globalizado, indiscriminado y hasta confuso. Es un proceso amplio como la boca superior del reloj de arena. Es el proceso que llamo de generalización primaria. Aquel en el que nos embarcamos cuando, desde nuestra visión fonoaudiológica, observamos el todo en los primeros momentos o encuentros con el consultante. Se logra una vaga idea, una impronta, a veces muy subjetiva de la situación, que es necesaria. El desconocimiento de factores, de detalles, de razones, de orígenes es importante para dar lugar a intuiciones, sensaciones, percepciones de ese "todo" que la persona y su acompañante nos entregan.*

El reloj de arena se estrecha y sobreviene la segunda etapa. Aquí se recurre a una estrategia de conocimiento específico y vertical de los factores que componen el proceso. El terapeuta se induce a una especificidad de conocimientos."

El Manual de los Trastornos de la Comunicación, el Lenguaje y el Habla provee una frondosa información para ayudar al terapeuta en este proceso. Por ejemplo, métodos de evaluación de funciones específicas y estrategias terapéuticas determinadas. El proceso de alta especificidad aprehende los detalles de origen, razón, estado de las capacidades, eficiencia y eficacia de las funciones, emociones, oportunidades, posibilidades, etc. Cuando estos adquieren una aparente claridad, se pasa a la tercera etapa, la etapa de la generalización secundaria de la información. Digo "aparente", porque las tres etapas del procesamiento de la información son una constante aunque den prioridad a la siguiente etapa.

La arena llega a la base del reloj. En la etapa de generalización secundaria todo parece cobrar sentido. Las informaciones específicas de carácter cognitivo, emocionales, físicas, sociales, etc. aparecen organizadas y ordenadas en un sistema único y particular que pertenece sólo al individuo asistido. La dinámica y estado del proceso individual de comunicación y lenguaje que estamos estudiando puede ser comprendido por el terapeuta. De allí que las autoras de esta obra puntualizan la necesidad del trabajo consciente e individualizado que solo se consigue alcanzando el propósito de esta tercera etapa.

Las autoras consideran los tópicos de evaluación y análisis. Se reflexiona acerca de los manuales de clasificación diagnóstica como el DSM4 y DSM5. Su alusión tiene una validez ineludible. Es indispensable que toda la comunidad de terapeutas contemporáneos maneje los mismos estándares diagnósticos. De esta manera se podrá mantener una comunicación fluida con el resto del mundo, recibir y ofrecer nuevas informaciones. Es de hacer notar que las modificaciones que presenta el DSM5, mencionadas en este manual, tienden a la globalización en sus aspectos positivos. Los variados subtipos dentro de la categoría del Autismo se desdibujan para dar lugar a una orientación más individualizada/humanizada de la intervención terapéutica.

La obra se pronuncia acertadamente sobre los test estandarizados vs pruebas funcionales. Los test estandarizados no pueden medir una comunicación en vivo y funcional a través del lenguaje pues la evaluación no sucede en contexto. En tanto que las pruebas funcionales más allá de las capacidades aisladas miden las competencias funcionales. Sin embargo las pruebas estandarizadas pueden ser útiles al momento del monitoreo durante el proceso terapéutico.

Este libro también incluye "criterios diagnósticos" que a mi parecer proveen al profesional de un entendimiento mayor a la hora de descubrir la dinámica de la dificultad que se pretende dilucidar. Un entendimiento que sobrepasa al del mero diagnóstico. También promueven el descubrimiento del camino terapéutico único para favorecer la comunicación y socialización del individuo asistido. Ese camino estará señalizado por las características y necesidades únicas de ese sujeto y su familia.

También es remarcable la importancia que en este capítulo se le ha dado a la familia como unos de los factores más importantes en la eficacia de los procedimientos terapéuticos. Considero que las familias naturalizan y funcionalizan toda estrategia terapéutica. La familia y el paciente tienen la fuerza, la responsabilidad y el derecho de ser protagonistas principales en la intervención terapéutica. La familia debe ser informada y educada con respecto a las razones, los objetivos y las estrategias concisas de aplicación de las tácticas terapéuticas. Comparto y personalmente utilizo la estrategia de acompañar, sostener y educar a las familias y al sujeto en sus propios hogares, en su propia vida.

Esta obra tácitamente enfatiza la necesidad del profesional de contar con un marco teórico, filosofía y amplia credibilidad en los lineamientos a seguir. Es, a mi criterio, la única manera de transitar un proceso organizado sabiendo a cada momento la ubicación precisa de los participantes del proceso terapéutico. El marco teórico, los recursos terapéuticos o las estrategias de diferentes líneas teóricas deben ser utilizados si el caso lo requiere, como las autoras lo manifiestan claramente

Es de destacar que este manual coloca al terapeuta en el lugar del que observa, escucha y ejecuta, guiado por las necesidades del individuo asistido, su familia, y su entorno.

Las autoras acentúan la necesidad de nutrirse de múltiples disciplinas para abordar un tema tan complejo como el de la comunicación humana. La necesidad de nutrirse de otras disciplinas es tal que la interdisciplina es insuficiente. Si nos nutrimos de algo, ese algo pasa a ser parte de nosotros. Si me permiten la metáfora, los procesos de "digestión" se encargaran de diferenciar primero e indiferenciar después los elementos "ingeridos". Y todos los elementos darán como resultado final una homogeneidad (como en el proceso del reloj de arena). Es entonces que la transdisciplina nos contiene y nos convierte siempre en "algo más". Algo más que lo que hacemos, algo más que la "propia profesión". Algo más, porque hacemos nuestra la multiplicidad de conceptos, ideas y abordajes que generosamente comparten otras disciplinas.

El marco social y ecológico está siempre presente en el abordaje ofrecido en este manual. La familia, la escuela, los equipos terapéuticos y de ayuda, etc. son una constante en este libro.

La comunicación aumentativa y alternativa es mi nuevo amor en la profesión. En la historia, pasó de ser solo una práctica simple o una estrategia cotidiana a ser un abordaje disciplinar con un marco teórico sólido. El camino de este abordaje hacia su plena comprensión no ha sido ni es sencillo. Ciertas orientaciones teóricas y la desinformación de las familias y profesionales favorecieron la aparición de una cantidad de mitos que han limitado durante años el uso expandido de la comunicación aumentativa y alternativa. En este manual se pone en evidencia la inexistencia de estos mitos y la reversión absoluta de consecuencias negativas en influencias y resultados altamente positivos al aplicar tan pronto como sea posible la comunicación aumentativa y alternativa.

Uno de los aprendizajes más preciados en mi vida tanto personal como profesional, es haber comprendido que la suma matemática de los factores observables no hace a la totalidad viva y dinámica de una persona y su situación. La totalidad humana conjuga y transforma vibraciones variadas (físicas, emocionales, mentales, sociales y espirituales). Vibraciones internas y externas (del ambiente) se entrelazan y re-construyen permanentemente. La totalidad del individuo será descubierta si aprendemos a transitar los procesos conscientes de toda información recibida. Necesidades, deseos y oportunidades que se unen en un punto, en el aquí y ahora del individuo.

Ese aquí y ahora que puede estar representado con un vaso semi-lleno, o con uno semi-vacío. El caso semi-lleno nos muestra las posibilidades y oportunidades para creaciones y progresos en pos de la calidad de vida que el individuo desea. Por ejemplo, las autoras destacan las ventajas de iniciar la intervención terapéutica con las habilidades presentes en la persona (parte llena del vaso), vs. Comenzar con las capacidades ausentes (parte vacía del vaso).

"Calidad de vida", propósito único e ineludible en toda intervención terapéutica. Sus marcos teóricos ofrecen estructura, guía y propósito para toda estrategia terapéutica utilizada en el ámbito de la comunicación y el lenguaje. La presencia del concepto de calidad de vida en este manual me enorgullece y me llena de satisfacción.

El Manual de los Trastornos de la Comunicación, el Lenguaje y el Habla es una guía magnífica y de avanzada en el proceso de enseñanza- aprendizaje de los trastornos del lenguaje y la comunicación. Las autoras han logrado construir un manual para esta generación de estudiantes a través de la generosa contribución de sus propios aprendizajes, éxitos y errores. Puedo dar fe de ello. He observado personalmente el proceso de aprendizaje de la mayoría de las autoras. He seguido de cerca sus pasos profesionales y he de admitir que también los personales. Todo proceso de aprendizaje es una dinámica constante que empieza en el ser íntimo e individual del aprendiz y del maestro, para luego impregnar al ser profesional. No hay profesional sin persona, sin un ser genuino.

El proceso de evolución personal junto con el procesamiento único e individual de la información recibida permitirá al estudiante convertirse en un profesional eficaz, respetuoso y compasivo. Un profesional que sabrá considerar sus propios talentos y limitaciones y aquellos los de sus pacientes y colegas. Un profesional que reconocerá en sí mismo y en los otros, la vulnerabilidad y las incontables potencialidades. Un profesional que será un constante buscador porque sabe que nada es totalmente cierto ni totalmente falso. Un profesional que se siente un ser social porque así ha nacido, y el ser social es social porque la sociedad existe. Si la sociedad existe nos debemos a ella y ella se debe a nosotros.

Han transcurrido 18 años desde que dejé la Escuela de Fonoaudiología, después de más de 20 años de docencia universitaria. Este libro me provoca un collage de emociones, placer, orgullo (del bueno si es que existe), satisfacción, alegría, paz, y mucho más. Cuando se enseña con el ser completo, la tarea que parece terminada no lo está, sigue viva en nuestro interior y perdurará por siempre, y será semilla para una próxima generación.

Este es el gran premio para los que enseñamos, asistimos, acompañamos en el proceso evolutivo, cualesquiera sean las circunstancias, ser semilla…que tesoro.

..Con la seguridad de que disfrutaran de esta obra, les digo gracias y hasta siempre queridos alumnos..

..Con la seguridad de que sus pasos son seguros y generosos, les digo gracias queridas autoras..

Marta Aragon-Humphrey

Introducción

El oportuno encuentro de docentes de la Escuela de Fonoaudiología de la Universidad Nacional de Córdoba y referentes terapeutas en las aéreas que subyacen a la Comunicación, el Lenguaje, el Habla y el Aprendizaje conlleva a la formulación de este libro en donde nos permiten encontrarnos para abordar al individuo niño y/o adulto desde una mirada integral y ecológica.

Nos es oportuno en este encuentro delimitar la Comunicación como un acto genuino del ser humano y siendo además el objeto de estudio de la fonoaudiología pudiendo construir una concepto interdisciplinario de la misma.

La Comunicación pudiendo caracterizarse, desde muchas disciplinas, partimos aquí desde un circuito básico necesario para llevar a cabo Actos Comunicativos, donde hay un emisor, un receptor y un mensaje a comunicar; y es allí en ese encuentro de disciplinas donde la mirada del terapeuta, del educador; se recrea pudiendo caracterizar y ampliar este circuito, poniendo en juego variables biológicas, culturales, psicológicas, sociales, entre otras.

Separar la comunicación del lenguaje, del habla y del aprendizaje simplemente nos sirve para exponer las ideas bajo un orden, según una organización secuencial que organice esas ideas, los conocimientos la trayectoria profesional y proponga una lectura consecuente. Pero a lo largo del libro; *se visualiza que la comunicación es primordial en el abordaje más allá de que el trastorno se vea reflejado en el lenguaje, o en el habla y/o en el aprendizaje.* Por ello en cada capítulo se caracterizará a cada uno de los trastornos que involucran a estos, su clasificación, su diagnóstico e intervención desde un modelo ecológico. Es así que leer los capítulos por separado hace imposible armar las interrelaciones que se plasman en la totalidad del libro en relación a la mirada integral que se propone del individuo.

La función de los terapeutas de la comunicación , el lenguaje, el habla y el aprendizaje en el ámbito de la salud, implica analizar los procesos de la estas funciones a la luz de procesos neurotípicos y/o desvíos funcionales de la mismos.

En este encuentro de ideas existentes que se expresan y en algunas ocasiones parece que puedan repetirse; sin ser este un error, sino que se promueve al encuentro de miradas y conceptos (significados) *ofreciendo la posibilidad de explicar algunos trastornos desde una mirada interdisciplinaria sin dejar de atender a la individualidad de la persona, niño/adulto inserto en una espacio familiar, social y cultural.*

CAPÍTULO I

Breve Reseña sobre conceptos de Comunicación, Lenguaje, Habla y Aprendizaje.

Prof. Lic. Vanina Andrea Angiono.

"COMUNICACIÓN" (etimológicamente deriva del latín *comunicare* que significa "compartir algo, poner en común") es un acto interpersonal y de transmisión de mensajes e información; como procesos internalizados y externalizados; viéndose éstos en los adelantos tecnológicos y las modificaciones sociales que han sufrido tanto el hombre, como la sociedad donde se encuentra inserto.

Comunicación: Consiste en el hecho de que una información sea transmitida de un punto a otro.

Emisor: es quien emite el mensaje.

Receptor: es quien recibe.

Código: es el conjunto de signos y de reglas para combinarlos que se utilizan para construir un mensaje.

Mensaje: las informaciones que el emisor envía al receptor.

Canal: es la vía por la que el emisor envía al receptor el mensaje. Referentes: el objeto en sí mismo que representamos en un signo.

Necesitamos entender la comunicación como un proceso muy amplio, complejo y con diferentes modalidades. Tomaremos entonces la definición de Watzlawick (1967) mencionada por Ricci Bitti y Zani, que aunque puede pecar de vaga, nos permite incluir las conductas y transformarlas en actos comunicativos:

"Comunicación es cualquier comportamiento que tiene lugar en presencia de otra persona. No es necesaria, por lo tanto, la intención

de comunicar, desde el punto de vista de la pragmática no existe en el interior del sistema de interacción la posibilidad de no comunicar: todo el comportamiento y no solo el discurso es comunicación, y toda la comunicación, comprendido los signos del contexto interpersonal, influyen en el comportamiento (Watzlawick y col, 1967)

No importa, por tanto, que la comunicación sea voluntaria o no, que los participantes se percatan de ella o dejen de hacerlo, ellos se influyen recíprocamente enviando informaciones a través de su propio comportamiento…"

Mc Graw-Hill dice que el ser humano es un ser social y que la comunicación es un proceso innato en el hombre, una necesidad básica, para la que venimos determinados biológicamente.

El niño desde que nace se está comunicando a través de diferentes códigos. La comunicación es un acto de relación humana, en el que dos o más participantes intercambian un mensaje mediante un lenguaje o forma de expresión. Este proceso es interactivo y social.

Para ser más precisos diremos que es un proceso complejo de ida y vuelta que consiste en transmitir y hacer circular información, o sea, un conjunto de datos, que cambia la situación original de la persona receptora del mensaje comunicado.

La comunicación humana generalmente es simbólica. El hombre se comunica con su cuerpo, sus gestos, sus palabras.

Todas las sociedades humanas, o grupos de animales, se organizan entre sí merced a la comunicación, es decir, al conjunto de actuaciones mediante las cuales los individuos entablan contacto y transmiten información. A continuación se expone un cuadro que alberga el desarrollo comunicativo:

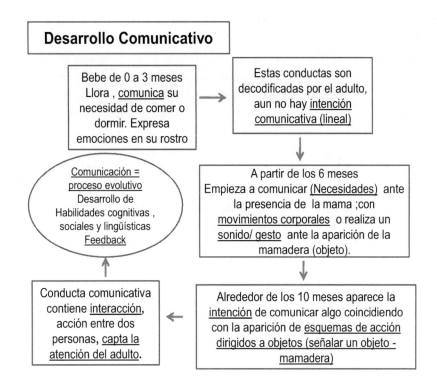

Desarrollo Comunicativo

Bebe de 0 a 3 meses
Llora , comunica su
necesidad de comer o
dormir. Expresa
emociones en su rostro

Estas conductas son
decodificadas por el adulto,
aun no hay intención
comunicativa (lineal)

Comunicación =
proceso evolutivo
Desarrollo de
Habilidades cognitivas ,
sociales y lingüísticas
Feedback

A partir de los 6 meses
Empieza a comunicar (Necesidades) ante
la presencia de la mama ;con
movimientos corporales o realiza un
sonido/ gesto ante la aparición de la
mamadera (objeto).

Conducta comunicativa
contiene interacción,
acción entre dos
personas, capta la
atención del adulto.

Alrededor de los 10 meses aparece la
intención de comunicar algo coincidiendo
con la aparición de esquemas de acción
dirigidos a objetos (señalar un objeto -
mamadera)

En este cuadro se hace referencia al proceso evolutivo de la Comunicación hasta el inicio del código verbal. Proceso neurotipico.

"LENGUAJE"

El Lenguaje es el vehículo o medio de comunicación humana por excelencia, en su expresión oral (verbal) y gráfica (escrita).

Este vehículo o medio representa la realidad, es decir puede evocar o traer por medio de su uso una situación fenómeno o cosa que está ausente. Al ser una representación se puede evocar una cosa, una imagen o una acción sin realizarla.

El Lenguaje es una función que se estructura por un sistema de signos y símbolos, mediante el cual se comunican sensaciones, ideas, conceptos. El Lenguaje es reestructurador del pensamiento y de la acción, también actúa como condicionante del pensamiento en su representación.

Existen además, otros lenguajes como medios de expresión y comunicación: onomatopéyico, gestual, de expresión plástica, expresión dinámica; actualmente alcanza gran importancia la expresión icónica, donde a veces pueden ayudar a desarrollar el lenguaje oral verbal propiamente dicho y/o en otras reemplazan a este siendo utilizado como un código lingüístico propiamente dicho, para llevar a cabo actos de comunicación.

En el desarrollo del lenguaje hay que diferenciar dos etapas. En la primera de ellas no podemos hablar de lenguaje propiamente, sino de *comunicación*. Esta fase consiste en la puesta en marcha de aquellos mecanismos que permitirán el nacimiento del lenguaje como tal, la llamaremos PERÍODO PRELINGÜÍSTICO.

En el PERIODO LINGÜÍSTICO eclosionan las primeras características del lenguaje adulto. Tanto en la primera como en la segunda se van dando una serie de adquisiciones (tanto motrices, relacionales y emocionales) que permiten una mejor comprensión en la evolución del lenguaje.

PERIODO PRELINGÜÍSTICO
1-6 MESES Alerta al sonido, se va orientado hacia la fuente que lo emite. Lloros, gritos, sonrisa social, inició balbuceo.

7-12 MESES Comprende NO, se orienta hacia su nombre, asocia palabras con significados, comprende los gestos que acompañan a las vocalizaciones.

Combinaciones de sílabas que se asemejan a las palabras, primeras palabras.

13-18 MESES Cuando se le demanda que diga o señale algo lo realiza. El vocabulario se va incrementando de forma gradual.

En el desarrollo del lenguaje hay que diferenciar dos etapas. En la primera de ellas no podemos hablar de lenguaje propiamente, sino de *comunicación*. Esta fase consiste en la puesta en marcha de aquellos mecanismos que permitirán el nacimiento del lenguaje como tal, la llamaremos PERÍODO PRELINGÜÍSTICO.

PERIODO LINGÜÍSTICO

Entre los 2-4 años los niños empiezan a usar combinaciones de palabras. Esto va en aumento hasta que entre los 3 y 4 años la mayoría de las frases se asemejan a frases simples bien construidas. En el aspecto *Fonológico* se desarrolla la adquisición de morfemas simples.

Entre los 4-7 años aparecen las primeras frases complejas. inicia un uso de complementos del verbo y algunas frases, se culmina el repertorio Adquisición de los sonidos

Funciones del Lenguaje

El significado habitual del término "función" del latín se entiende como ejercicio o actividad determinada y normal de un órgano o aparato del ser viviente con sentido, orden y finalidad concretos.

Karl Bühler en su Teoría del Lenguaje habló sobre las Funciones. Primero habla de la triple función del lenguaje humano: MANIFESTACIÓN, REPERCUSIÓN Y REPRESENTACIÓN. Más tarde hace referencia a los términos de: EXPRESIÓN, APELACIÓN Y REPRESENTACIÓN. El signo lingüístico representa algo, es la REPRESENTACIÓN. El emisor expresa sus ideas y pensamientos, función de EXPRESIÓN. Estos conceptos apelan, recurren, al oyente o receptor influyendo en mayor o menor grado sobre él: APELACIÓN .

Jacobson agrega tres funciones más completando las de Bühler: la FATICA también llamada de contacto, representada por aquellos elementos que, sin dar información, prolongan la conversación. Por ej: términos como si, ya, mmm, aha, etc. La ESTÉTICA o POÉTICA, que convierte el signo lingüístico en poético , y la METALINGÜÍSTICA.

LA METALINGÜÍSTICA es una de las funciones del lenguaje, que hace referencia a la posibilidad de hablar o razonar acerca del propio lenguaje, del código común que se utiliza para comunicarnos, controlarlo, adaptarlo e interactuar con nuestro entorno. Nos permite además descubrir las ambigüedades del lenguaje, analizar y comprenderlas. Mediante el uso de la función metalingüística, el individuo logra controlar su lengua, y jugar con rimas, comprender metáforas, oraciones de doble sentido, chistes, reflexionar, etc. Le permiten analizar la realidad, sus actos y consecuencia de los mismos.

La finalidad APELATIVA, es la actividad por medio de la cual se llama la atención del oyente. La forma verbal más unida a esta función del lenguaje es el imperativo.

La función EXPRESIVA: merced a ella el hablante manifiesta su estado psíquico. En la etapa prelocutiva se revela por la diferencia de tonalidad en el llanto -cuando se interpreta como lenguaje y no como manifestación de estado emocional triste.

La dimensión REPRESENTATIVA del lenguaje es la acción privativa del hombre por la cual puede transmitir un contenido o pensamiento, sirviéndose de signos o símbolos significativos.

Los animales no pueden representar, aunque sí llaman y expresan.

Las tres funciones coexisten en el lenguaje humano, aunque actualmente cabe incluir:

La *función comunicativa interpersonal,* que comprende tantas realidades y puede alcanzar tantas posibilidades que en pleno proceso expansivo ha dado lugar a las Ciencias de la Información.

La idea de la comunicación interpersonal y las necesidades humanas que son fundamentalmente interdependientes se basa en tres principios que le son propios:

1. Las personas primero se comunican por conveniencia o necesidad acorde a un bienestar psicológico, interacción primaria ; la mama con su bebé sabe que tiene hambre o frío o quiere dormir (interpreta sus conductas) y las resuelve , devolviendo ese bebé una sensación de bienestar (Comunicación lineal).
2. La comunicación no sólo es una necesidad humana, sino el medio a cumplir con otras necesidades: de identidad, socialización, aprendizaje , auto creación, cultura (Comunicación interactiva. Feedback comunicativo).
3. La capacidad de comunicación interpersonal satisface las propias necesidades comunicativas y facilita a los otros la satisfacción de las suyas.

La práctica de la comunicación interpersonal, bien directa, de persona/persona, o persona/lectura, ofrece tantas modalidades que constituye un proceso que dura toda la vida.

Estructura del Lenguaje:

Para poder entender el Lenguaje lo mejor es descomponerlo:

-por su *forma*: gramática,

-por su *contenido* : semántica y

-por su *uso* : pragmática.

La gramática es una ciencia, que se encarga del estudio de la lengua a través del análisis, observación y experimentación de esta; como también de la organización de las palabras dentro de las oraciones, atendiendo aquí al aspecto fonológico y morfosintáctico de la misma.

La semántica estudio el significado de los signos lingüísticos y sus combinaciones. El Signo Lingüístico relaciona un significante con un significado (concepto).

La pragmática estudia el uso del lenguaje pero no solo se limita a ello, también tiene en cuenta factores extralingüísticos que modifican y transforman su uso. Esta disciplina se interesa por el modo en que el contexto influye en la interpretación del significado, por contexto nos referimos a la situación en la que se desarrolla el acto comunicativo, el conocimiento que comparten los hablantes, así como las relaciones interpersonales que tienen entre ellos.

Ontogenia del Lenguaje:

Podemos analizar la Ontogenia del lenguaje a través de un ejemplo:

..."el bebé cuando nace necesita comunicarse, lo hace a través del llanto o sonidos, la mama su primer receptor, puede decodificar si ese llanto responde a que tiene hambre, o si quiere que lo alce el bebé aquí se comunica a través de una comunicación básica/lineal y comienza a iniciarse en el uso del lenguaje, (pragmática) no importa el código, la adquisición del mismo también es progresivo.

A medida que el bebé crece comienza a comprender el significado de las cosas que están en su entorno, si ve la mamadera puede señalar para que se la den, no media aún el lenguaje oral, pero si comunica a través del código visual puede pedir y comprender que la mamadera es para alimentarse *(semántica)*. *L*uego empieza a poner palabras a medida que va adquiriendo el código lingüístico propiamente dicho; leche, agua, etc. *(expresivo)*. Aquí su comunicación empieza a complejizarse ya que amplía el acto comunicativo con otros interlocutores iniciándose aquí un feedback comunicativo más complejo , haciendo mayor uso del lenguaje a medida que se va apropiando del código.

Luego va teniendo lugar el desarrollo del *aspecto morfosintáctico* donde el niño ya combina dos palabras para armar una frase "leche nene" sin tener aun precisión en la fonología (la palabra) siendo este el último aspecto a desarrollarse.

En el devenir evolutivo el Lenguaje surge del aprendizaje y del contacto con el medio de un niño, en un entorno social, con una lengua fónica como idioma o sistema lingüístico desde donde se emiten y reciben mensajes.

Cada mensaje es portador de información por tanto los interlocutores aprenden el sistema a través de múltiples canales y gracias a la maduración y el crecimiento del sistema nervioso y de los canales sensoriales y expresivos del organismo. Remite dos procesos básicos: Expresión y Comprensión.

"HABLA"

El habla es el uso individual de la lengua: cada vez que un sujeto habla realiza una combinación particular de los signos de la lengua, produce los sonidos de la lengua de una forma particular (nadie puede pronunciar dos veces una palabra exactamente de la misma manera), y realiza un acto individual de inteligencia y voluntad. (Saussure)

En su caracterización intervienen la edad, el sexo, el estado de ánimo, la ocupación y tantos otros factores porque por ejemplo hay diferencias y de hecho se puede distinguir el habla de un hombre, de una mujer, de un adulto, de un sano, de un enfermo, etc.

Los actos de habla son enunciados que constituyen acciones. Corresponden al lenguaje en uso, al lenguaje en la práctica, en la situación comunicativa concreta. Cuando hablamos no sólo decimos palabras, sino que también realizamos ciertas acciones: describimos, invitamos, aconsejamos, saludamos, felicitamos, discutimos, prometemos, etc., es decir, hacemos cosas con palabras. No sólo importa lo que decimos, sino cómo lo hacemos y con qué intención.

"APRENDIZAJE"

Según Piaget; se entiende *el aprendizaje* como una reorganización de las estructuras cognitivas existentes en cada momento, para él los cambios en nuestro conocimiento, esos saltos cualitativos que nos llevan a interiorizar nuevos conocimientos a partir de nuestra experiencia, se explican por una *recombinación* que actúa sobre los esquemas mentales determinados biológicamente.

Al igual que un edificio no se construye transformando un ladrillo en un cuerpo más grande, sino que se erige sobre una *estructura*, el aprendizaje, entendido como proceso de cambio que se va construyendo, nos hace pasar por diferentes etapas no porque nuestra mente cambie de naturaleza de manera espontánea con el paso del tiempo, sino porque ciertos esquemas mentales van variando en su relaciones, *se van organizando de manera distinta* a medida que crecemos y vamos interactuando con el entorno. Son las relaciones establecidas entre nuestras ideas, y no el contenido de estas, las que transforman nuestra mente; a su vez, las relaciones establecidas entre nuestras ideas hacen cambiar el contenido de estas.

El concepto de esquema es el término utilizado por Piaget a la hora de referirse al tipo de organización cognitiva existente entre categorías en un momento determinado.

Es algo así como la manera en la que unas ideas son ordenadas y puestas en relación con otras, sostiene que un *esquema* es una estructura mental concreta que puede ser transportada y sistematizada. Un esquema puede generarse en muchos grados diferentes de abstracción. En las primeras etapas de la niñez, uno de los primeros esquemas es el del *'objeto permanente'*, que permite al niño hacer referencia a objetos que no se encuentran dentro de su alcance perceptivo en ese momento. Tiempo más tarde, el niño alcanza el esquema de *'tipos de objetos'*, mediante el cual es capaz de agrupar los distintos objetos en base a diferentes "clases", así como comprender la relación que tienen estas clases con otras.

La idea de *"esquema"* en Piaget es bastante similar a la idea tradicional de *'concepto'*, con la salvedad de que el suizo hace referencia a estructuras cognitivas y operaciones mentales, y no a clasificaciones de orden perceptual.

Además de entender el aprendizaje como un proceso de constante organización de los esquemas, Piaget cree que es fruto de *la adaptación*.

El aprendizaje es un proceso que sólo tiene sentido ante situaciones de cambio. Por eso, aprender es en parte saber adaptarse a esas novedades.

Una de las ideas fundamentales para la Teoría del Aprendizaje de Piaget es el concepto de *inteligencia humana* como un proceso de naturaleza *biológica*. Describe la mente de los organismos humanos como el resultado de dos "funciones estables": la *organización,* cuyos principios ya hemos visto, y la *adaptación,* que es el proceso de ajuste por el cual el conocimiento del individuo y la información que le llega del entorno se adaptan el uno al otro. A su vez, dentro de la dinámica de adaptación operan dos procesos: la asimilación y la acomodación.

Referencias Bibliográficas

ANGIONO, MARTÍNEZ THOMPSON, LUCINI, SERRA S, SERRA M. Fonoaudiología. Bases de la Comunicación Humana. (2017). Editorial Brujas.

SOPRANO ANA MARIA, Como evaluar el lenguaje en Niños y adolescentes. (2011). Editorial Paidos.

TALLIS JAIME, ANA MARIA SOPRANO, "Neuropediatría. Neuropsicología y Aprendizaje" (1991) Nueva Visión Bs.As.

RICCI BITTI, P., ZANI, B. (1990). Traducción: Manuel Arbolí. *"La comunicación como proceso social"*. 1º edición. Editorial. Grijalbo. Consejo Nacional para la cultura y las artes.

MERCADO, L, VERA, V. (2000). Trabajo final de Licenciatura: *"La comunicación en ancianos"*. Córdoba,

Argentina. Escuela de Fonoaudiología, Facultad de Ciencias Médicas, Universidad Nacional de Córdoba.

MONFORT, M., JUAREZ SANCHEZ, A. (2010). *"El niño que habla"*. Madrid, España. CEPE.

GRÀCIA, M. (2003). *"Comunicación y lenguaje en primeras edades"*. Lleida, España. Editorial Milenio.

JEAN PIAGET: Lenguaje, Conocimiento y Educación. Revista Colombiana de Educación, N.º 60. Primer semestre 2011, Bogotá, Colombia

Paul Watzlawick Janet Beavin Bavelas Don D. Jackson. TEORÍA DE LA COMUNICACIÓN HUMANA. (1991)Editorial Herder Barcelona.

CAPÍTULO II

Abordaje Ecológico y Calidad de Vida de las Personas con Trastornos en la Comunicación, el Lenguaje y el Habla.

Mgter. Lic. María Cristina Fernández Reuter

En los últimos tiempos se han producido cambios en las prácticas profesionales fonoaudiológicas tanto en la intervención con niños como en adultos, y en los servicios que se brindan.

En el pasado, no muy lejano, la terapia fonoaudiológica se basaba en el Modelo Rehabilitador, donde los trastornos del lenguaje se consideraban un problema de la persona posible de ser rehabilitado. El objetivo de la rehabilitación era la Normalización de la persona. El tratamiento rehabilitador estaba circunscripto a la institución rehabilitadora y a la relación Terapeuta-Paciente exclusivamente.

En la actualidad el rol terapéutico fonoaudiológico está enfocado a que cada objetivo que se plantea en la terapéutica de la comunicación el lenguaje y el habla debe tener la mirada puesta en *las posibilidad/es de generalizar los logros en la vida cotidiana de las personas con discapacidad como así también en los diferentes contextos* (educativo, familiar, recreativo, laboral, etc.), con el objetivo final de mejorar su Calidad de Vida.

Esta mirada está directamente relacionada con el Modelo Ecológico de intervención en el cual es indispensable trabajar con las habilidades y potencialidades de las personas y no en las carencias y/ deficiencias. Los propósitos se deben encaminar a lograr que estas habilidades sean funcionales y les permitan controlar y desenvolverse en el medio que los rodea, mientras que a la par se trabajan las funciones alteradas o ausentes.

El objetivo en el Modelo Ecológico es identificar las necesidades actuales y futuras de las personas, considerando las expectativas familiares y contexto social y cultural en que están insertos. Así como también, identificar habilidades prioritarias que necesita para actuar y participar en todos los ambientes de su vida cotidiana, tratando de lograr más independencia y autonomía en el futuro.

En este modelo Ecológico se deben tener en cuenta los siguientes componentes a la hora de planificar los objetivos y las actividades:

1. actividades funcionales y significativas;
2. elecciones y preferencias de la persona con discapacidad
3. preferencias y expectativas de la familia
4. contextos en los que desarrolla su vida cotidiana: casa, escuela, comunidad, trabajo, recreación y ocio.
5. materiales y actividades apropiadas a la edad cronológica;
6. instrucción en ambientes naturales y a los diferentes actores con quienes interactúa (familia, docente, compañeros, amigos);
7. abordaje transdisciplinar donde cada profesional tiene un papel facilitador, pero está orientado por otros profesionales y trabajan de manera conjunta, con los mismos objetivos. La participación familiar es de suma importancia tanto como fuente de información como instrumento que permite la generalización de las estrategias al ambiente natural.

El concepto de calidad de vida, relacionado directamente con el Modelo Ecológico, se utiliza cada vez más en el campo de la discapacidad. Es un concepto amplio, complejo, que abarca diferentes factores tales como:

- la salud física del sujeto,
- su estado psicológico,
- su nivel de independencia,
- sus relaciones sociales,
- su relación con su entorno.

La O.M.S. (2005) define el término CALIDAD DE VIDA como "la percepción que un individuo tiene de su lugar en la existencia, en el contexto cultural… en el que vive y en relación con sus expectativas, sus normas y sus inquietudes".

La calidad de vida de personas con discapacidad, se rige por los mismos principios de los de las personas sin discapacidad. Lo que se pretende con esta nueva mirada es que las personas con Discapacidad puedan tomar decisiones en relación a sus vidas, logren participación plena y aceptación en la sociedad. (Schalock,1997)

El trabajo con personas con discapacidad, pensando en la mejora de su Calidad de Vida se traduce en un cambio desde lo conceptual, que rige las tareas cotidianas y que se fundamenta en:

- "Pasar de un sistema centrado en las limitaciones de la persona a otra centrada en el contexto y en la interacción, que supone un enfoque ecológico.
- Pasar de un sistema centrado en la eficacia de los servicios, programas y actividades a otro que se centre en los avances, los cambios y mejoras deben reflejarse en cada persona.
- Pasar de un sistema centrado en los profesionales a otro que tenga en cuenta a la persona y a sus familiares" (M. A Verdugo).

Teniendo en cuenta el abordaje ecológico, Schalock y Verdugo dicen que el trabajar con el objetivo de mejorar la Calidad de Vida de las personas con Discapacidad implica la elaboración de Planes Personalizados de Apoyo (PPA). Para esto elaboraron un modelo de calidad de vida que se fundamenta en ocho dimensiones y a su vez proponen indicadores e ítems para su evaluación.

1. Dimensión de *Bienestar Emocional:* tiene en cuenta los sentimientos como la satisfacción, tanto a nivel personal y vital, el autoconcepto de sí mismo, a partir de los sentimientos de seguridad-inseguridad y de capacidad–incapacidad, así como la ausencia de estrés que contiene aspectos relacionados con la motivación, el humor, el comportamiento, la ansiedad y la depresión.

2. Dimensión de *Relaciones Personales*: la interacción y el mantenimiento de relaciones de cercanía (participar en actividades, tener amigos estables, buena relación con su familia,) y si manifiesta sentirse querido por las personas importantes a partir de contactos sociales positivos y gratificantes.

3. Dimensión de *Bienestar Material:* contempla aspectos de capacidad económica, ahorros y aspectos materiales suficientes que le permitan una vida confortable, saludable y satisfactoria.

4. Dimensión de *Desarrollo Personal:* tiene en cuenta las competencias y habilidades sociales, la utilidad social, la participación en la

elaboración del propio PPA. El aprovechamiento de oportunidades de desarrollo personal y aprendizaje de nuevas o la posibilidad de integrarse en el mundo laboral con motivación y desarrollo de las competencias personales, la conducta adaptativa y el desarrollo de estrategias de comunicación.

5. Dimensión de *Bienestar Físico:* la atención sanitaria (preventiva, general, a domicilio, hospitalaria, etc.); tiene en cuenta los aspectos de dolor, medicación y cómo inciden en su estado de salud y le permiten llevar una actividad normal. El bienestar físico permite desarrollar actividades de la vida diaria desde las capacidades y se ve facilitado con ayudas técnicas si las necesita.

6. Dimensión de *Autodeterminación:* se fundamenta en el proyecto de vida personal, en la posibilidad de elegir, de tener opciones. En ella aparecen las metas y valores, las preferencias, objetivos e intereses personales. Estos aspectos facilitan la toma de decisiones y permiten que la persona tenga la opción de defender ideas y opiniones. La autonomía personal, como derecho fundamental que asiste a cada ser, permite organizar la propia vida y tomar decisiones sobre temas de propia incumbencia.

7. Dimensión de *Inclusión Social:* valorando si siente rechazo y discriminación por parte de los demás. Podemos valorarlo a partir de saber si tiene amigos, sí utiliza entornos de ocio comunitarios. La inclusión puede medirse desde la participación y la accesibilidad que permite romper barreras físicas que dificultan la integración social.

8. Dimensión de la *Defensa los Derechos:* contempla el derecho a la Intimidad, el derecho al respeto medible desde el trato recibido en su entorno. Es importante indagar sobre el grado de conocimiento y disfrute de los derechos propios de ciudadanía.

Un Modelo de Calidad debe tener fundamentos teóricos de base, procesos de investigación que nos den evidencias de los resultados, políticas de estado que favorezcan el desarrollo del modelo, y la práctica profesional traducida en acciones específicas en el contexto.

La calidad de vida supone ir más allá en nuestros planteamientos integradores y normalizadores. A la hora de evaluar o valorar los resultados de los programas emprendidos hemos de preguntar, no si un individuo está integrado "en" una comunidad, sino en qué medida "es" de la comunidad (pertenece a ella). El concepto de calidad de vida tiene una pluralidad de significados entre los cuales no hay que olvidar la propia percepción que tiene el sujeto sobre su propia vida." (Brown, 1988, en Schalock y Verdugo).

Por todo lo antes dicho, se debe ofrecer a la persona con Discapacidad un programa global de abordaje en donde, un aspecto muy importante es la Comunicación en todas sus formas. En personas con trastornos en la Comunicación y el Lenguaje, la implementación de recursos de Comunicación Aumentativa resulta ser prioritarios si hablamos de expresión de deseos y sentimientos, de interacción social, de desarrollo de competencias y habilidades, de autodeterminación, regulación de conducta, inclusión social. En cada una de estas dimensiones se necesita el uso de un código. Un código que sea eficaz y efectivo para la persona en diferentes contextos.

En el abordaje de los Trastornos de la Comunicación y el Lenguaje, basado en un modelo ecológico, y con el objetivo de mejorar la Calidad de Vida de la Persona y su Familia, podemos realizar diferentes intervenciones, tempranas algunas, temporales otras, e incluso definitivas que permitan mejorar o funcionalizar la dinámica del contexto próximo. A continuación, daremos algunos ejemplos posibles de ser usados en diferentes situaciones.

Uno de los objetivos principales en el programa de intervención fonoaudiológica puede ser el aprendizaje de un nuevo código de comunicación basado en las habilidades visuales y gestuales que presentan las personas con trastornos en la comunicación y el lenguaje. Este código debe poder ser usado en todos los contextos en los que se desenvuelve la persona en su vida cotidiana y comprendido por todos los actores en los diferentes contextos. La introducción temprana de un código no verbal de comunicación no implica el retraso o el abandono del código verbal. Por el contrario, el uso de un código no verbal facilita la comunicación y permite una planificación más relajada en el abordaje del código verbal.

Las entrevistas periódicas con la familia y cuidadores para entrenarlos en recursos de comunicación no verbal, en la observación de las conductas comunicativas de la persona con déficit comunicativo, darles estrategias de vinculación, etc, los hace participantes activos en la terapia y de esta manera estamos poniendo en juego estrategias terapéuticas de compensación o de estimulación en el contexto cotidiano del paciente.

En los niños con trastornos en la comunicación y el lenguaje, los métodos de enseñanza de la lectura y la escritura basados en la vía lexical son los que permite una apropiación del código lectoescrito con mayor facilidad. Esto se basa en que el estímulo visual es tomado con mayor facilidad que el estímulo auditivo y la memoria visual aprende la palabra completa y facilita la generalización posterior de la lógica del código. Esto, cuando se le explica a la maestra del niño y al equipo pedagógico de la escuela a la que asiste y se realizan las adecuaciones correspondientes, seguramente tendremos mejores resultados en el área de lengua.

Por otro lado, todo lo referido a la accesibilidad física también favorece la mejora en la calidad de vida de las personas con discapacidad. Las rampas para sillas de ruedas, los semáforos sonoros, publicaciones en braille, traductores simultáneos de lengua de señas, señalética pictográfica en diferentes instituciones, etc.

Este manual de los trastornos de la comunicación, del lenguaje y el habla, se fundamenta en el modelo ecológico, planteando la necesidad de evaluar exhaustivamente a la persona y su contexto, para así poder elaborar un programa personalizado de abordaje con el objetivo de mejorar su calidad de vida y la de su entorno. La mejora en la calidad de vida no es la meta final del tratamiento, cumpliéndose cuando se logra el alta terapéutica. Por el contrario, la mejora en la calidad de vida es un objetivo constante, de inicio a fin, y de cada estrategia o actividad planteada y generalizable a cada contexto. Esta es la filosofía que se intenta transmitir en cada intervención.

La ASOCIACIÓN AMERICANA DE HABLA LENGUAJE Y AUDICIÓN presenta en 1992 la Carta de Derechos de la Comunicación, por la Comisión Nacional para las Necesidades de Comunicación de Personas con Discapacidades Severas.

Las personas con Discapacidad severa tienen derecho a:
- Elegir entre opciones
- Expresar sentimientos
- Comprender y ser comprendido
- Decir no y rechazar
- Solicitar y tener acceso a la información
- Comunicarme de manera digna
- Acceder a ayudas, recursos y servicios
- Ser escuchado
- Ser incluido en interacción social
- Aprender sobre la vida y mi persona

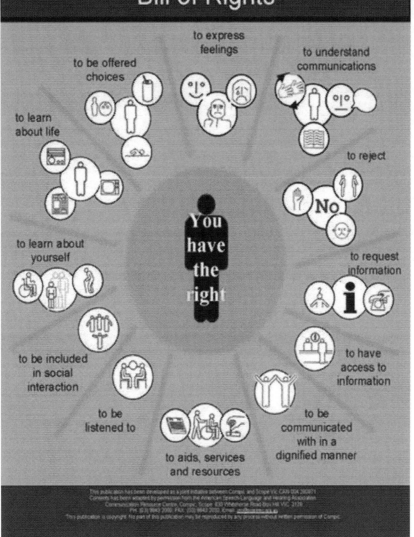

Referencias bibliográficas

Schalock, R. y Verdugo, M.A. (2003). Calidad de vida. Manual para profesionales de la educación, salud y servicios sociales. Madrid. España. Alianza Editorial.

Verdugo, M.A. y Schalock, R.L. (2001). "El concepto de calidad de vida en los servicios humanos.

M.A. Verdugo y B. Jordán de Urríes (Eds.), Apoyos, autodeterminación y calidad de vida. Salamanca. Editorial Amarú.

Verdugo M.A. (2009). "Cómo mejorar la calidad de vida de las personas con discapacidad". Amarú. Salamanca. España.

Maños, Zotikos, (2011). "Modelo de calidad de vida aplicado a la atención residencial de personas con necesidades complejas de apoyo". IMSERSO, España.

CAPÍTULO III

Trastornos de la Comunicación. TEA
(Trastorno del Espectro Autista)

Prof. Lic. Vanina Andrea Angiono.

En este capítulo desarrollaremos unos de los trastornos que afectan al neurodesarrollo; para ello haremos referencia al manual diagnóstico <u>DSM (Diagnostic and Statistical Manual of Mental Disorders)</u> es el Manual Diagnóstico y Estadístico de los Trastornos Mentales de la Asociación Americana de Psiquiatría (American Psychiatric Association, APA) y contiene descripciones, síntomas y otros criterios para diagnosticar trastornos mentales.

Estos criterios de diagnóstico proporcionan un lenguaje común entre los distintos profesionales (psiquiatras, psicólogos clínicos, investigadores de las ciencias de la salud, médicos, fonoaudiólogos, psicopedagogos, psicomotricistas, etc.), estableciendo claramente los criterios que los definen y ayudando a asegurar que el diagnóstico sea preciso y consistente.

En general, el DSM es el sistema de clasificación de trastornos mentales con mayor aceptación, tanto para el diagnóstico clínico como para la investigación y la docencia y es importante tener presente que siempre debe ser utilizado por personas con experiencia clínica, ya que se usa como una guía que debe ser acompañada de juicio clínico además de los conocimientos profesionales y criterios éticos necesarios.

El DSM proporciona una nomenclatura necesaria en los informes realizados con un objetivo administrativo, legal o judicial.

La Asociación Americana de Psiquiatría (APA) en el año 2013, publicó la nueva versión del Manual Diagnóstico y Estadístico de los Trastornos Mentales, DSM-5, tras un largo proceso de discusión y análisis, la organización del manual ha sufrido importantes cambios (por ejemplo, se elimina la clasificación por ejes), así como la concepción de un buen número de trastornos, entre ellos el autismo y el resto de Trastornos Generalizados del Desarrollo (TGD).

En el DSM5 desaparecen los diferentes subtipos de TGD. El trastorno autista, el síndrome de Asperger y el trastorno generalizado del desarrollo no especificado se fusionan en un único trastorno que pasa a llamarse Trastorno del Espectro del Autismo (en singular).

El cambio de nombre trata de enfatizar la dimensionalidad del trastorno en las diferentes áreas que se ven afectadas y la dificultad para establecer límites precisos entre los subgrupos. El Síndrome de Rett y el Trastorno Desintegrativo de la Infancia dejan de ser recogidos por el DSM 5 ya que el primero tiene una clara base genética y el segundo tiene importantes problemas de validez.

Los criterios diagnósticos del Trastorno del Espectro de Autismo TEA también se modifican. Las dimensiones referidas a las alteraciones en la interacción social recíproca y la comunicación y el lenguaje se fusionan en una única categoría y se reorganizan las áreas de alteración que recogen los síntomas concretos. En el repertorio restringido de conductas intereses destaca la incorporación de las alteraciones sensoriales como área de alteración. En busca de conseguir unos criterios diagnósticos más específicos, en ambas dimensiones se incrementa el número de áreas alteradas para considerar que una persona presenta el trastorno.

Para que una persona tenga TEA tiene que tener alteraciones en las tres áreas que se incluyen dentro de los déficits de: la interacción y comunicación social (reciprocidad socio-emocional, comunicación no verbal y desarrollo, mantenimiento y comprensión de relaciones), así como dos de las cuatro áreas alteradas en el repertorio restringido de conductas e intereses (conductas repetitivas, insistencia en la invariancia, intereses restringidos o alteraciones sensoriales). Varios trabajos han alertado sobre este cambio, puesto que al aumentar la exigencia en los criterios, algunas personas con TGD con una severidad de síntomas menor, podrían no cumplir los criterios diagnósticos y, por tanto, dejar de tener acceso a los servicios y apoyos disponibles para las personas con TEA.

Brevemente comentaremos la historia del Autismo en relación a su clasificación según el DSM para centrarnos en describir los criterios diagnósticos propuestos en el DSM-V, así como los problemas que tienen esa clasificación, y desde ahí describir la actual propuesta, que intenta superar las limitaciones de su predecesora.

A. Deficiencias persistentes en la comunicación social y en la interacción social en diversos contextos, manifestado por lo siguiente, actualmente o por los antecedentes

1. Las deficiencias en la reciprocidad socioemocional, varían, por ejemplo, desde un acercamiento anormal y fracaso de la conversación normal en ambos sentidos pasando por la disminución en intereses, emociones o afectos compartidos hasta el fracaso en iniciar o responder a interacciones sociales.

2. Las deficiencias en las conductas comunicativas no verbales utilizadas en la interacción social, varían, por ejemplo, desde una comunicación verbal y no verbal poco integrada pasando por anomalías del contacto visual y del lenguaje corporal o deficiencias de la comprensión y el uso de gestos, hasta una falta total de expresión facial y de comunicación no verbal.

3. Las deficiencias en el desarrollo, mantenimiento y comprensión de las relaciones, varían, por ejemplo, desde dificultades para ajustar el comportamiento en diversos contextos sociales pasando por dificultades para compartir juegos imaginativos o para hacer amigos, hasta la ausencia de interés por otras personas.

Especificar la gravedad actual: La gravedad se basa en deterioros de la comunicación social y en patrones de comportamientos restringidos y repetitivos

B. Patrones restrictivos y repetitivos de comportamiento, intereses o actividades, que se manifiestan en dos o más de los siguientes puntos,

1. Movimientos, utilización de objetos o habla estereotipados o repetitivos (p. ej., estereotipias motoras simples, alineación de los juguetes o cambio de lugar de los objetos, ecolalia, frases idiosincrásicas).

2. Insistencia en la monotonía, excesiva inflexibilidad de rutinas o patrones ritualizados de comportamiento verbal o no verbal (p. ej., gran angustia frente a cambios pequeños, dificultades con las transiciones, patrones de pensamiento rígidos, rituales de saludo, necesidad de tomar el mismo camino o de comer los mismos alimentos cada día).

3. Intereses muy restringidos y fijos que son anormales en cuanto a su intensidad o foco de interés (p. ej., fuerte apego o preocupación por objetos inusuales, intereses excesivamente circunscritos o perseverantes).

4. Híper- o hipo reactividad a los estímulos sensoriales o interés inhabitual por aspectos sensoriales del entorno (p. ej., indiferencia aparente al dolor/temperatura, respuesta adversa a sonidos o texturas específicos, olfateo o palpación excesiva de objetos, fascinación visual por las luces o el movimiento).

Especificar la gravedad actual: La gravedad se basa en deterioros de la comunicación social y en patrones de comportamiento restringido y repetitivo

C. *Los síntomas han de estar presentes en las primeras fases del período de desarrollo* (pero pueden no manifestarse totalmente hasta que la demanda social supera las capacidades limitadas, o pueden estar enmascarados por estrategias aprendidas en fases posteriores de la vida).

D. *Los síntomas causan un deterioro clínicamente significativo en lo social, laboral u otras áreas importantes del funcionamiento habitual.*

E. *Estas alteraciones no se explican mejor por la discapacidad intelectual* (trastorno del desarrollo intelectual) o por el retraso global del desarrollo. La discapacidad intelectual y el trastorno del espectro del autismo con frecuencia coinciden; para hacer diagnósticos de comorbilidades de un trastorno del espectro del autismo y discapacidad intelectual, la comunicación social ha de estar por debajo de lo previsto para el nivel general de desarrollo.

Nota: A los pacientes con un diagnóstico bien establecido según el DSM-IV de trastorno autista, enfermedad de Asperger o trastorno generalizado del desarrollo no especificado de otro modo, se les aplicará el diagnóstico de trastorno del espectro del autismo. Los pacientes con deficiencias notables de la comunicación social, pero cuyos síntomas no cumplen los criterios de trastorno del espectro del autismo, deben ser evaluados para diagnosticar el trastorno de la comunicación social (pragmática).

Especificar si: Con o sin déficit intelectual acompañante
   – Con o sin deterioro del lenguaje acompañante
   – Asociado a una afección médica o genética, o a un fac-

tor ambiental conocidos (Nota de codificación: Utilizar un código adicional para identificar la afección médica o genética asociada.)

- Asociado a otro trastorno del desarrollo neurológico, mental o del comportamiento (Nota de codificación: Utilizar un código(s) adicional(es) para identificar el trastorno(s) del desarrollo neurológico, mental o del comportamiento asociado[s].)
- Con catatonía (véanse los criterios de catatonía asociados a otro trastorno mental; para la definición, véanse las págs.65–66). (Nota de codificación:
- Utilizar el código adicional 293.89 [F06.1] catatonía asociada a trastorno del espectro del autismo para indicar la presencia de la catatonía concurrente).

TEA (Trastorno del Espectro autista)

En la actualidad se le atribuye al trastorno variadas terminologías, siendo la más compatible para atravesar la misma desde la evaluación, diagnóstico e intervención el término de CEA (Condición del Espectro Autista),

En psiquiatría se utiliza para su clasificación por un lado el DSM-5 y por otro lado el CIE-11, vigente desde Mayo de 2018, cualquiera de las dos que se utilice encuadra al trastorno, determinando los desafíos en el desarrollo que le atañen al cuadro.

Se considera que las condiciones del espectro autista (CEA) son condiciones que afectan predominantemente el desarrollo temprano, lo que trae desafíos en el área de la comunicación, la interacción social, la conducta y el procesamiento sensorial.

Las personas con CEA/TEA presentan cuadros clínicos sumamente heterogéneos, tanto en el nivel de apoyo que necesitan (necesita apoyo, necesita apoyo sustancial, necesita apoyo muy sustancial), como en el nivel de lenguaje (sin habla, palabras sueltas, frases, fluencia verbal), en el nivel cognitivo (discapacidad intelectual, inteligencia promedio, inteligencia superior), en el perfil sensorial, el patrón de inicio de los síntomas (progresivo, regresivo), los especificadores (p. ej., Frágil X, tipo Asperger, etc.), las características psicológicas y biológicas propias de cada individuo y los problemas médicos concomitantes (p.ej., problema gastrointestinales, inmunológicos, metabólicos, etc.). Por esto mismo, se habla de un "espectro autista". (Dra Alexia Rattazzi)

Diagnóstico

Existen pruebas de pesquisa utilizadas para observar conductas esperadas en el desarrollo neurotípico, solo sirven para observar el desarrollo y alertar ante conductas retrasadas o ausentes; para seguir observando o derivar temprana y oportunamente haciendo un diagnóstico preciso para posteriori realizar una intervención temprana .

Estas pruebas de pesquisa deben ser llenadas por los padres supervisados por un profesional idóneo. No sirven para hacer diagnóstico, solo miden conductas que pueden estar desviadas o no en el desarrollo neurotípico de un niño.

Los instrumentos de pesquisa son necesarios porque:
- Porque 8% de los niños entre 24 y 72 meses pueden tener un trastorno del desarrollo (TD).
- Porque la incidencia aumenta a medida que crecen (12-20%).
- Porque la mayoría de los TD (70-80%) recién son detectados después del ingreso a primer grado.

A continuación se detallan algunos;

CSBS-DP de 6 a 24 meses.

Este cuestionario fue diseñado en el 2002 por Amy Wetherby y Barry Prizant para identificar signos de alarma en el desarrollo temprano de niños de 6 a 24 meses. El cuestionario tiene 24 preguntas que deben ser contestados por los padres o cuidadores del niño.
Luego de haber completado la encuesta se obtendrá un resultado se recuerda que este no es un test diagnóstico

M-CHAT de 16 a 30 meses.

Este cuestionario fue diseñado en el 2009 por Diana Robins, Deborah Fein y Marianne Barton para evaluar el riesgo de los niños de entre 16 y 30 meses de tener una condición del espectro autista. Son 20 preguntas que se contestan por sí o por no, y que pueden ser completadas por los padres, cuidadores u otro adulto que conozca bien al niño.

Luego de haber completado la encuesta se obtendrá un resultado se recuerda que este no es un test diagnóstico

Q'CHAT de 18 a 48 meses

Este cuestionario fue diseñado en el 2008 por Carrie Allison, Simon Baron-Cohen, Sally Wheelwright, Tony Charman, Jennifer Richler, Greg Pasco y Carol Brayne, para identificar a los niños en riesgo de tener una condición del espectro autista.

El cuestionario tiene 25 preguntas acompañadas de dibujos, que tienen 5 opciones de respuesta cada una, y que pueden ser completadas por los padres, cuidadores u otro adulto que conozca bien al niño.

Luego de haber completado la encuesta se obtendrá un resultado se recuerda que este no es un test diagnóstico.

Algunos signos de alerta:

- No reaccione cuando la llaman por su nombre, (12 meses)
- No señala objetos para mostrar su interés (14 meses)
- No juegue con situaciones imaginarias (18 meses)
- Evite el contacto visual y prefiera estar solo.
- Tenga dificultad para comprender los sentimientos de otras personas o para expresar sus propios sentimientos.
- Tenga retraso en el desarrollo del lenguaje y/o el habla.
- Repita palabras o frases una y otra vez (ecolalia).
- Conteste cosas que no tienen que ver con las preguntas.
- Le irriten los cambios mínimos.
- Tenga intereses obsesivos.
- Aletee con las manos, hamaque su cuerpo o gire en círculos.
- Reaccione de manera extraña a diferentes olores, sabores, sonidos, imágenes.

Evaluación

La evaluación debe llevarse a cabo de manera interdisciplinaria. Sin duda, considerando que se trata de una alteración que comienza desde el inicio de la vida, que da sus primeras manifestaciones alrededor de los 18 meses y que finalmente es diagnosticado alrededor de los 30 meses.

Habiendo la necesidad de realizar una detección cada vez más temprana que permita comenzar a intervenir desde los primeros meses o años de vida, en función de garantizar un mejor pronóstico a la persona con esta condición. La detección y la atención temprana de las personas con TEA/CEA, considerada no sólo como un procedimiento capaz de corregir y/o compensar el curso del desarrollo infantil, sino también de prever alteraciones de desarrollo más profundas, o condiciones de discapacidad más severa; convirtiéndose en un foco principal de atención de todos aquellos que se dedican a su abordaje y en una necesidad primordial para asegurar un mejor pronóstico y calidad de vida a esas personas.

Los *diagnósticos* son maneras útiles de organizar los apoyos y servicios que necesitará un niño, su familia y también para promover el avance científico, pero no deben convertirse en previsiones cumplidas, un niño con desafíos en su desarrollo debe tener la asistencia necesaria a través de programas individualizados, habiendo construido un programa de intervención específico atendiendo puntualmente sus necesidades y la de su familia.

Los niños nacen con modalidades distintas de aprendizaje, no con *diagnósticos*. La posibilidad de comprender estas diferencias y de realizar una evaluación cualitativa del desarrollo nos dará datos precisos acerca de qué modalidad tiene el niño para comprender el mundo, para procesar la información a través de los sentidos, para relacionarse, comunicarse y aprehender del medio.

Esta información, obtenida a partir de la mirada interdisciplinaria, será la que marcará el camino a seguir a través de una intervención individualizada para ese niño y esa familia en particular.

No hay dos niños iguales. Detrás de las presunciones diagnósticas, muchas veces se encuentra la creencia de que los niños clasificados en cada síndrome son muy similares uno al otro – con más similitudes que diferencias. Pero en los últimos años, a medida que se ha observado el desarrollo de infantes y niños muy pequeños, el foco ha cambiado.

Se ha encontrado que los niños que han sido tradicionalmente agrupados en las mismas categorías son muy diferentes unos de otros.

Para el diagnóstico se utilizan pruebas estandarizadas como es: *ADOS-2* (Escala de Observación para el diagnóstico de Autismo-2); es una evaluación estandarizada y semiestructurada de la comunicación, la interacción social y el juego o el uso imaginativo de materiales. La escala está estructurada en cinco módulos (T, 1, 2, 3 y 4), cada uno destinado a personas con una edad cronológica y un nivel de lenguaje determinado.

El *ADOS-2* se puede aplicar a personas de edades, niveles de desarrollo y comunicación verbal muy diferentes (desde niños a partir de los 12 meses a adultos, desde aquellos sin habla a aquellos con presenten un habla fluida).

Cada uno de los módulos está compuesto por un conjunto de actividades que proporcionan contextos estandarizados donde el evaluador puede observar o no la presencia de ciertos comportamientos sociales y comunicativos relevantes para el diagnóstico del TEA/CEA. Tras corregir el protocolo y obtener las puntuaciones del algoritmo, se podrá realizar el diagnóstico a partir de los puntos de corte establecidos.

Otra prueba estandarizada es *ADI-R* (Entrevista para el diagnóstico de Autismo. Revisada b). *El ADI-R* es una entrevista clínica que permite una evaluación profunda de sujetos con sospechas de autismo o algún Trastorno del Espectro Autista (TEA).

Por ello, el instrumento no ofrece escalas convencionales ni tiene sentido usar baremos.

El entrevistador explora tres grandes áreas (lenguaje/comunicación, interacciones sociales recíprocas y conductas e intereses restringidos, repetitivos y estereotipados) a través de 93 preguntas que se le hacen al progenitor o cuidador. La información recogida se codifica y se traslada a unos sencillos y útiles algoritmos que orientan el diagnóstico y la evaluación de la situación actual.

Otra escala de evaluación utilizada es el *IDEA* (*Inventario del Espectro Autista*) su creador Ángel Riviere (2004).

El mismo utiliza la medición del desarrollo a través de doce dimensiones, presenta cuatro niveles característicos de estas personas, en cada una de esas dimensions. Cada uno de esos niveles tiene asignada una puntuación par (8, 6, 4 ó 2 puntos), reservándose las puntuaciones impares, para aquellos casos que se sitúan entre dos de las puntuaciones pares.

Así, por ejemplo, si la puntuación 8, en la dimensión de trastorno cualitativo de la relación, implica ausencia completa de relaciones y vínculos con adultos, y la puntuación 6 la existencia de vínculos establecidos con adultos en niños que son, sin embargo, incapaces de relacionarse con pares, la puntuación 7 define a una persona con severo aislamiento, pero que ofrece algún indicio débil o inseguro de vínculo con algún adulto.

Para aplicar el inventario *I.D.E.A.* es necesario un conocimiento clínico, terapéutico, educativo y/o familiar suficiente de la persona que presenta alguna característica del espectro autista. El inventario se ha construido con el objetivo de valorar la severidad y profundidad de las conductas que presenta una persona, con independencia de cual sea su diagnóstico diferencial.

El inventario *I.D.E.A* puede tener tres utilidades principales:

- Establecer inicialmente, en el proceso diagnóstico, la severidad de los rasgos autistas que presenta la persona (es decir, su nivel de espectro autista en las diferentes dimensiones).
- Ayudar a formular estrategias de tratamiento de las dimensiones, en función de las puntuaciones en ellas.
- Someter a prueba los cambios a medio y largo plazo que se producen por efecto del tratamiento, valorando así su eficacia y las posibilidades de cambio de las personas con características dentro del Espectro Autista.

Las doce dimensiones de la escala pueden ordenarse en cuatro grandes escalas:

- Escala de Trastorno del desarrollo social (dimensiones 1, 2 y 3).
- Escala de Trastorno de la comunicación y el lenguaje (dimensiones 4, 5 y 6).

– Escala de Trastorno de la anticipación y flexibilidad (dimensiones 7, 8 y 9).
– Escala de Trastorno de la simbolización (dimensiones 10, 11 y 12).

Intervención

La intervención del TEA es interdisciplinaria, habiendo diferentes líneas de abordaje.

Hablar en este siglo de niños, adolescentes y adultos con TEA/CEA nos remite a un universo múltiple. Poder pensar que por este amplio *espectro* de características posibles algunas comunes y otras que hacen a la individualidad propia de cada niño, joven y adulto en el seno de su familia; hacen importante y oportuno tener al alcance de nuestra mano, una amplia gama de propuestas (abordajes terapéuticos, filosofías, tratamientos, terapias individuales y servicios) para poder dar respuestas de calidad, con igualdad, desde las intervenciones existentes.

Los paradigmas vigentes hoy en día, asumen la imperiosa necesidad de trabajar de manera integral con el sistema familiar.

Actualmente, existen multiplicidad de abordajes en el campo de los TEA/CEA. Ningún abordaje ha sido totalmente útil en todas las personas con TEA/CEA, y no existe hoy en día un consenso sobre la mejor alternativa terapéutica. Sin embargo, existe evidencia a favor del *inicio temprano del tratamiento y la modalidad intensiva*.

Generalmente se recomienda un *abordaje integral multimodal personalizado* según el perfil individual de la persona con TEA/CEA, el perfil de la familia, y los recursos profesionales y educativos disponibles en el lugar. Es de significativa importancia informar a los padres acerca de las alternativas terapéuticas disponibles, y que formen parte de la toma de decisiones en relación al tratamiento.

Asimismo, es sumamente importante que los padres estén informados de los derechos de sus hijos según la legislación vigente, como por ejemplo, que todo niño con diagnóstico de TEA/CEA debe recibir los abordajes que requiere, y que dichos abordajes deben ser cubiertos en su totalidad, según corresponda, por el estado, la obra social, o la prepaga.

Dentro de los modelos de intervención tenemos dos líneas muy amplias donde ambas se definen por sus encuadres y sus metodologías de trabajo:

1. Modelos de intervención cognitivos conductuales (TCC).
2. Modelos relacionales.

Modelos de Intervención Cognitivos conductuales

Las terapias cognitivo-conductuales son orientaciones de la terapia cognitiva enfocadas en la vinculación del pensamiento y la conducta, y que recogen las aportaciones de distintas corrientes dentro de la psicología científica; siendo más que una mera fusión, como aplicación clínica, de la psicología cognitiva y la psicología conductista. Suelen combinar técnicas de reestructuración cognitiva, de entrenamiento en relajación y otras estrategias de afrontamiento y de exposición.

Este modelo acepta la tesis conductista de que la conducta humana es aprehendida, pero este aprendizaje no consiste en un vínculo asociativo entre estímulos y respuestas sino en la formación de relaciones de significado personales, esquemas cognitivos o reglas. Igualmente los aspectos cognitivos, afectivos y conductuales están interrelacionados, de modo que un cambio en uno de ellos afecta a los otros dos componentes.

En esa relación mutua las estructuras de significado (esquemas cognitivos) tendrían un peso fundamental, pues ellas representan la organización idiosincrática que tiene cada persona sobre lo que significa su experiencia, los otros y el sí mismo.

En el campo del espectro autista, generalmente la TCC hace referencia a abordajes como el análisis conductual aplicado, el ensayo discreto, la conducta verbal, el modelo Lovaas, etc.

Modelos de Intervención Relacionales

Estamos ante un cambio de paradigma en el autismo, a nivel global. Hoy sabemos que el papel de la familia en la intervención es básico y fundamental. El empoderamiento familiar pasa por la formación de la familia, ya que deben participar de forma activa, pero sin una buena formación, atravesar el proceso se les hara mas dificil.

Trabajar en contextos naturales, de forma abierta y con la participación de la familia genera un cambio inmenso. Y no es más caro (o no debería), cada día más y más profesionales están saliendo del gabinete para trabajar en los lugares donde suceden las cosas. Y no es muy difícil, se puede hacer. Obviamente siempre habrán cosas que prepararemos en un ambiente más controlado, pero deberemos ponerlo en práctica en la vida real, donde es imposible controlar todo, y donde surgen imprevistos de todo tipo, se le llama comúnmente "vida".

Dentro de los modelos relacionales, encontramos el Modelo SUN-RISE Program, el Modelo SCERTS, el Modelo DIR con su técnica FLOORTIME, Modelo DENVER , entre otros.

A continuación se realizará una breve reseña de cada uno de ellos:

Modelo SUN-RISE Program, es un tratamiento completo y específico,con un fuerte eje en las áreas de comunicación, contacto visual, atención interactiva y flexibilidad, procurando avances en las áreas de aprendizaje, desarrollo, comunicación y adquisición de habilidades.

El programa pone como protagonistas a los padres, profesores y terapeutas siendo desarrollado este en el hogar como el ambiente óptimo para ayudar a sus hijos, le otorga a los padres las herramientas necesarias para sostener estos roles brindándole al programa coherencia y sustentabilidad en el tiempo. Fue desarrollado por Barry Neil Kaufman y Samahria Lyte Kaufman para su hijo autista en 1974. El programa basado en la casa y centrado en el niño, dio lugar a que en los últimos 30 años se hayan capacitado más de 25000 padres y profesionales de más de 85 países.

Los temas que incluye el programa son: ayudar al niño a relacionarse con otros, motivar y enseñar al niño, desarrollar su lenguaje, liderar el programa de tratamiento, crear un ambiente óptimo de aprendizaje, manejar las conductas desafiantes, capitalizar las oportunidades diarias de aprendizaje, empoderar a los padres y entrenarlos en autocuidado y manejo del estrés, y en actitudes de no juicio, optimismo, disfrute y esperanza.

Los principios del Programa Son-Rise son:
  – el potencial del niño es ilimitado

- el autismo no es un trastorno conductual (sino que es un trastorno relacional, interaccional)
- la motivación, y no la repetición, es la clave del aprendizaje
- las conductas repetitivas del niño tienen un valor y significado importantes
- el padre es el mejor recurso del niño
- el niño puede progresar en el ambiente adecuado
- los padres y profesionales son más efectivos cuando se sienten cómodos con el niño, optimistas con respecto a sus capacidades, y esperanzados en relación al futuro del niño
- el programa puede combinarse de manera efectiva con otras terapias complementarias como intervenciones biomédicas, terapia de integración sensorial, cambios dietarios (por ej: dietas libres de caseína y de gluten), terapia de integración auditiva, etc.

Modelo DENVER : enfoque integral de intervención temprana para niños de 13 – 36 meses, extensible a 48-60 meses. Este modelo fue desarrollado en los años 80 en Estados Unidos de la mano de Sally Rogers y Géraldine Dawson. La terapia combina los métodos de enseñanza intensiva de análisis aplicado sobre el comportamiento con planteamientos del desarrollo "basados en la relación".
El programa incluye una currícula basada en el desarrollo infantil que define las habilidades a enseñar y una serie de procedimientos de enseñanza. Puede ser llevado a cabo por equipos terapéuticos o por padres, y puede realizarse en encuadres grupales o individuales, tanto como en centros terapéuticos, como en las casas. El modelo integra un enfoque del desarrollo con prácticas de enseñanza validadas provenientes del análisis conductual aplicado. Combina principios utilizados en intervenciones como el PRT (Pivotal Response Treatment) y el RDI (Relationship Development Intervention), y se basa en enseñar a los niños distintas habilidades a través del juego. Se utiliza un estilo de interacción responsiva y centrada en el niño, promoviendo la motivación y el enganche del niño mediante el seguimiento sus intereses.

Sus características principales son:
- Estrategias naturales del análisis conductual aplicado
- Adaptación a la secuencia de desarrollo típica
- Involucramiento profundo por parte de los padres
- Foco en el intercambio interpersonal y el afecto positivo
- Enganche compartido con actividades conjuntas
- Enseñanza del lenguaje y la comunicación en el marco de una relación positiva y afectiva.

Modelo DIR-Floortime (Developmental Individual Difference Relationship Model): Modelo basado en el Desarrollo, las Diferencias Individuales y las Relaciones. Tiempo de suelo (*Floortime*) es una técnica terapéutica específica basada sobre el modelo basado en el desarrollo, las diferencias individuales y las relaciones desarrollado en los años 80 por el Dr. Stanley Greenspan. La premisa de *Floortime* es que un adulto puede ayudar a un niño a ampliar sus círculos de comunicación al ponerse a su nivel de desarrollo, y a partir de ahí fortalecer sus habilidades. La terapia a menudo es incorporada a actividades de juegos en el piso. La meta de *Floortime* es ayudar al niño a alcanzar seis hitos en el desarrollo que contribuyen a su crecimiento emocional e intelectual:
- Autorregulación e interés en el mundo que lo rodea
- Intimidad o un amor especial por el mundo de las relaciones humanas
- Comunicación bidireccional
- Comunicación compleja
- Ideas emocionales
- Pensamiento emocional

En *Floortime*, la manera en que el terapeuta, o el padre o la madre, trabaja con el niño al nivel en el que éste se encuentra actualmente, es participar en las actividades que al niño le gustan. Sobre todo, siempre debe seguir el ejemplo del niño. A partir de esta interacción inicial, al padre se le instruye en la metodología de llevar al niño a interacciones progresivamente más complejas, un proceso conocido como "abrir y cerrar círculos de comunicación". *Floortime* no separa las habilidades cognitivas, motoras y lingüísticas para trabajarlas, sino que las aborda a través de un énfasis sintetizado sobre el desarrollo emocional. La intervención se llama *Floortime* (Tiempo de suelo) porque el padre se sienta en el suelo con el niño para interactuar con él a su nivel. *Floortime* es considerada una alternativa a terapias conductuales y a veces se imparte en combinación con éstas.

Modelo SCERTS. (Social Communication/Emotional Regulation/Transactional Support): Comunicación Soial, Regulación Emocional y Apoyo Transaccional.Es un modelo educativo desarrollado por Barry Prizant, Amy Wetherby, Emily Rubin y Amy Laurant.*SCERTS* utiliza prácticas de otras terapias incluyendo ABA (en la forma de *PRT*), *TEACCH, Floortime y RDI*. El Modelo *SCERTS* difiere más notablemente del enfoque *ABA* "tradicional" al promover que el niño inicie la comunicación durante las actividades cotidianas.

El interés primordial de *SCERTS* es ayudar a los niños con autismo a alcanzar un "progreso auténtico"; esto se define como la capacidad de aprender y aplicar espontáneamente habilidades funcionales y relevantes a una variedad de entornos y con una variedad de compañeros.el proposito del programa hace incapie en:

- "sC" o Comunicación social – Desarrollar una comunicación espontánea y funcional, expresión emocional y relaciones seguras y de confianza con adultos y otros niños.
- "er" o regulación emocional – Desarrollar la capacidad de mantener un estado emocional bien regulado para lidiar con las tensiones de la vida cotidiana, y para poder estar bien dispuesto a aprender e interactuar.
- "Ts" o apoyo transaccional – Desarrollar e implementar apoyos que ayudan a los compañeros a responder a las necesidades e intereses del niño, modificar y adaptar el entorno, y proveer herramientas para aumentar el aprendizaje (p.ej., comunicación con imágenes, horarios escritos, y apoyos sensoriales).

Referencias Bibliográficas

AMERICAN PSYCHIATRIC ASSOCIATION. (2014). "Manual Diagnóstico y Estadístico de los Trastornos Mentales". 5º Edición. Editorial Médica Panamericana. España.

ARTIGAS- PALLARES y NARBONA J. "Trastornos de Neurodesarrollo". (2011) Editorial Viguera. España.

DELETREA. MARTOS, Juan. (2009). "Los niños pequeños con Autismo". Editorial CEPE. Madrid España.

VANESSA CASALS HIERRO. Psicopedagoga. Psicomotricista. Centro MOA-Afecto en Movimiento, Las Palmas de Gran Canaria. Judith Abelenda. Terapeuta Ocupacional Pediátrica. Asociación Kulunka, Vitoria El modelo DIR®/Floortime™: Un abordaje relacional e interdisciplinar para las dificultades de relación y comunicación. Norte de Salud Mental, 2012, vol. X, nº 44: 54-61.

SEBASTIÁN H. CUKIER, ERNESTO WAHLBERG. Trastornos del espectro autista. Hipótesis del desarrollo funcional emocional y su relación con las intervenciones terapéuticas. VERTEX Rev. Arg. de Psiquiat. 2011, Vol. XXII: 135 - 146

Links:

www.panaacea.org

www.grupocidep.org

www.facebook.com/alter.santafe

www.autismtreatmentcenter.org

www.autismseminars.o

ucdmc.ucdavis.edu/mindinstitute/research/esdm/

www.autihttp://www.stanleygreenspan.com/

smspeaks.org/what-autism/treatment/early-start-denver-model-esdm

http://barryprizant.com/

CAPÍTULO IV

Trastornos del Lenguaje en el niño. C.A. Comunicación Aumentativa.

Mgter. Lic. María Cristina Fernández Reuter

En el DSM V, Manual Diagnóstico y Estadístico de los Trastornos Mentales, 5º Edición (2016), Los trastornos de la Comunicación, que se enmarcan dentro de los Trastornos del Neurodesarrollo, incluyen las deficiencias del lenguaje, el habla y la comunicación.

La categoría diagnóstica de los Trastornos de la Comunicación incluye lo siguiente:

- Trastorno del Lenguaje
- Trastorno Fonológico
- Trastorno de la Fluidez de inicio en la Infancia
- Trastorno de la Comunicación Social (Pragmático).
- Trastorno de la Comunicación No especificado.

A continuación daremos los Criterios diagnósticos de cada uno de los cuadros según el DSM V.

Trastorno del Lenguaje

Criterios diagnósticos 315.32 (F80.2)
A. Dificultades persistentes en la adquisición y uso del lenguaje en todas sus modalidades (es decir, hablado, escrito, lenguaje de signos u otro) debido a deficiencias de la comprensión o la producción que incluye lo siguiente:
1. Vocabulario reducido (conocimiento y uso de palabras).

2. Estructura gramatical limitada (capacidad para situar las palabras y las terminaciones de palabras juntas para formar frases basándose en reglas gramaticales y morfológicas).

3. Deterioro del discurso (capacidad para usar vocabulario y conectar frases para explicar o describir un tema o una serie de sucesos o tener una conversación).

B. Las capacidades de lenguaje están notablemente, desde un punto de vista cuantificable, por debajo de lo esperado para la edad, lo que produce limitaciones funcionales en la comunicación eficaz, la participación social, los logros académicos o el desempeño laboral, de forma individual o en cualquier combinación.

C. El inicio de los síntomas se produce en las primeras fases del período de desarrollo.

D. Las dificultades no se pueden atribuir a un deterioro auditivo o sensorial de otro tipo, a una disfunción motora o a otra afección médica o neurológica y no se explica mejor por discapacidad intelectual (trastorno del desarrollo intelectual) o retraso global del desarrollo.

Trastorno fonológico

Criterios diagnósticos 315.39 (F80.0)
A. Dificultad persistente en la producción fonológica que interfiere con la inteligibilidad del habla o impide la comunicación verbal de mensajes.

B. La alteración causa limitaciones en la comunicación eficaz que interfiere con la participación social, los logros académicos o el desempeño laboral, de forma individual o en cualquier combinación.

C. El inicio de los síntomas se produce en las primeras fases del período de desarrollo.

D. Las dificultades no se pueden atribuir a afecciones congénitas o adquiridas, como parálisis cerebral, paladar hendido, hipoacusia, traumatismo cerebral u otras afecciones médicas o neurológicas.

Trastorno de la fluidez de inicio en la infancia (tartamudeo)

Criterios diagnósticos 315.35 (F80.81)
A. Alteraciones de la fluidez y la organización temporal norma-

les del habla que son inadecuadas para la edad del individuo y las habilidades de lenguaje, persisten con el tiempo y se caracterizan por la aparición frecuente y notable de uno (o más) de los siguientes factores:

1. Repetición de sonidos y sílabas.
2. Prolongación de sonido de consonantes y de vocales.
3. Palabras fragmentadas (p. ej., pausas en medio de una palabra).
4. Bloqueo audible o silencioso (pausas en el habla, llenas o vacías).
5. Circunloquios (sustitución de palabras para evitar palabras problemáticas).
6. Palabras producidas con un exceso de tensión física.
7. Repetición de palabras completas monosilábicas (p. ej., "Yo-Yo-Yo-Yo lo veo").

B. La alteración causa ansiedad al hablar o limitaciones en la comunicación eficaz, la participación social, el rendimiento académico o laboral de forma individual o en cualquier combinación.

C. El inicio de los síntomas se produce en las primeras fases del período de desarrollo. (Nota: Los casos de inicio más tardío se diagnostican como 307.0 [F98.5] trastorno de la fluidez de inicio en el adulto).

D. La alteración no se puede atribuir a un déficit motor o sensitivo del habla, disfluencia asociada a un daño neurológico (p. ej., ictus, tumor, traumatismo) o a otra afección médica y no se explica mejor por otro trastorno mental.

Trastorno de la comunicación social (pragmático)

Criterios diagnósticos 315.39 (F80.89)
A. Dificultades persistentes en el uso social de la comunicación verbal y no verbal que se manifiesta por todos los siguientes factores:

1. 1. Deficiencias en el uso de la comunicación para propósitos sociales, como saludar y compartir información, de manera que sea apropiada al contexto social.
2. 2. Deterioro de la capacidad para cambiar la comunicación de forma que se adapte al contexto o a las necesidades del que escucha, como hablar de forma diferente en un aula o en un parque, conversar de forma diferente con un niño

o con un adulto, y evitar el uso de un lenguaje demasiado formal.

3. 3. Dificultades para seguir las normas de conversación y narración, como respetar el turno en la conversación, expresarse de otro modo cuando no se es bien comprendido y saber cuándo utilizar signos verbales y no verbales para regular la interacción.

4. 4. Dificultades para comprender lo que no se dice explícitamente (p. ej., hacer inferencias) y significados no literales o ambiguos del lenguaje (p. ej., expresiones idiomáticas, humor, metáforas, múltiples significados que dependen del contexto para la interpretación).

B. Las deficiencias causan limitaciones funcionales en la comunicación eficaz, la participación social, las relaciones sociales, los logros académicos o el desempeño laboral, ya sea individualmente o en combinación.

C. Los síntomas comienzan en las primeras fases del período de desarrollo (pero las deficiencias pueden no manifestarse totalmente hasta que la necesidad de comunicación social supera las capacidades limitadas).

D. Los síntomas no se pueden atribuir a otra afección médica o neurológica, ni a la baja capacidad en los dominios de morfología y gramática, y no se explican mejor por un trastorno del espectro autista, discapacidad intelectual (trastorno del desarrollo intelectual), retraso global del desarrollo u otro trastorno mental.

Trastorno de la comunicación no especificado 307.9 (F80.9)

Esta categoría se aplica a presentaciones en las que predominan los síntomas característicos del trastorno de la comunicación que causan malestar clínicamente significativo o deterioro en lo social, laboral u otras áreas importantes del funcionamiento, pero que no cumplen todos los criterios del trastorno de la comunicación o de ninguno de los trastornos de la categoría diagnóstica de los trastornos del neurodesarrollo. La categoría del trastorno de la comunicación no especificado se utiliza en situaciones en las que el clínico opta por no especificar el motivo de incumplimiento de los criterios de trastorno de la comunicación o de un trastorno del neurodesarrollo específico, e incluye presentaciones en las que no existe suficiente información para hacer un diagnóstico más específico.

Más allá de los criterios y denominaciones diagnósticas estandarizadas, indispensables para allanar la comunicación con el equipo interviniente y con las instituciones administrativas que atienden las necesidades particulares del niño (escuela, obra social, talleres deportivos y/o artísticos, etc.), en el quehacer terapéutico nos encontramos con la significativa variabilidad individual, que impone un análisis cualitativo, individualizado, sustentado por la teoría, pero desprendido de normativas rígidas. De ese modo es posible llegar al conocimiento de los procesos que dan lugar a la patología y echan luz a la organización terapéutica adecuada para cada niño en particular.

Trastorno Específico Del Lenguaje

Según Artigas Pallares se define como "la alteración en el desarrollo del lenguaje expresivo y/o receptivo en el contexto de un desarrollo normal en otros aspectos –Cociente Intelectual no verbal y capacidad de autonomía-". Dicha alteración tiene una magnitud que interfiere en las actividades de la Vida cotidiana y/o en los aprendizajes escolares. El TEL equivale al Trastorno del Lenguaje Mixto Receptivo-Expresivo del Lenguaje utilizado en el DSM IV-TR.

Monfort (2010), dice que un niño o una niña presenta un TEL cuando el desarrollo natural del lenguaje presenta alteraciones duraderas, que no se pueden explicar en términos de discapacidad intelectual, de discapacidad sensorial o motora, de TGD, de deprivación social(Trastorno Generalizado del Desarrollo) o cualquier otra etiología susceptible de justificar los síntomas.

La ASHA, American Speech-Language-Hearing Association (1980), define el TEL como la anormal adquisición -comprensión o expresión- del lenguaje hablado o escrito. El problema puede implicar a todos, uno o algunos de los componentes -fonológico, morfológico, semántico, pragmático- del sistema lingüístico y suelen presentar problemas de procesamiento del lenguaje o de abstracción de la información significativa para almacenamiento y recuperación por la memoria.

Existen diferentes criterios de identificación del Trastorno Específico del Lenguaje, extraídos de diferentes autores:

Criterios de inclusión/exclusión:

- Nivel auditivo de 25 dB en frecuencias conversacionales.
- Sin episodios de Otitis Medias.
- CI de ejecución superior a 85.
- Sin presencia de signos de alteración neurológica.
- Destrezas motoras del habla normales.
- Ausencia de anomalías estructurales orofaciales.

Por evolución

- Evolución muy lenta sin fase de recuperación rápida
- Carácter de duradero
- Resistencia a las estrategias de intervención.

Criterios de Especificidad:

- Hace referencia a la especificidad de la naturaleza lingüística del trastorno.
- A pesar de ser específicamente lingüístico se presentan características concomitantes que pueden generar dudas en relación al diagnóstico:
  - Déficit en el Proceso de representación simbólica que se observa claramente en el juego durante la evaluación.
  - Déficit en la interacción social por la "no comunicación"
  - Escasa y muy dificultosa regulación de la conducta.
  - Labilidad en la discriminación y la memoria auditiva.

Gerardo Aguado (), incluye los Criterios para identificar el TEL, según Leonard (1998):

Factor	Criterios
Capacidad Lingüística	Puntuación en los Test de Lenguaje de -1,25 desviaciones estándar o más baja; riesgo de devaluación social.
CI no verbal	CI manipulativo de 85 o más alto.
Audición	Supera por medio de un Screening los niveles convencionales
Otitis media serosa	Sin episodios recientes

Disfunción Neurológica	Sin evidencias de ataques, parálisis cerebral, ni lesiones cerebrales.
Estructura oral	Ausencia de anomalías estructurales.
Motricidad Oral	Supera el screening empleando ítems evolutivamente apropiados
Interacciones físicas y sociales	Ausencia de síntomas de una interacción social recíproca alterada y de restricción de actividades.

Causas - Etiología

Se pueden plantear diferentes hipótesis a cerca de la causa por la que se produce el Trastorno Específico del lenguaje:

1. Déficit en la Memoria Procedimental: Implicado en el aprendizaje de hábitos, destrezas y procedimientos, en el aprendizaje de reglas, en la realización de destrezas que impliquen secuencias.

2. En 1992, Bishop, dice que no existe un déficit en la competencia lingüística. Plantea una falla en el ouput, en la producción de las señales de producción del habla. En 1989, Leonard, Afirma que hay déficit en la discriminación de señales auditivas-lingüísticas. En 2017 se engloba ambas opciones como posibles causas de TEL bajo la denominación de SINAPTICOPATIA, tanto para el imput como para el ouput.

3. Déficit Conceptual representativo (visión Piagetiana), que menciona la existencia de una dificultad subyacente en el desarrollo y uso de representaciones simbólicas (déficit en el juego simbólico y en la posibilidad de anticipación).

Clasificación

Existen numerosas clasificaciones de los Trastornos Específicos del Lenguaje, sin embargo la Clasificación de Rapin y Allen de 1987-1988, con base clínica, es la más empleada en la actualidad.

SUBTIPO	DESCRIPCIÓN
TRASTORNOS DE LA VERTIENTE EXPRESIVA	
TRASTORNO DE LA PRO-GRAMACIÓN FONOLÓGI-CA	Cierta fluidez de producción, pero con articulación confusa (enunciados casi ininteligibles) Notable mejoría en tareas de repetición de elementos aislados (sílabas, etc). Comprensión normal o casi normal.
DISPRAXIA VERBAL	Incapacidad masiva de fluencia. Grave afectación de la articulación (hasta completa ausencia del habla) Enunciados de 1 o 2 palabras, que no mejoran en su realización articulatoria con la repetición. Comprensión normal o próxima a la normal.
TRASTORNOS DE COMPRENSION Y EXPRESION	
TRASTORNO FONOLÓGI-CO -SINTÁC-TICO	Déficit mixto receptivo-expresivo Fluidez verbal perturbada Articulación alterada Sintaxis deficiente: frases cortas, omisión de nexos y marcadores fonológicos, laboriosa formación secuencial de enunciados (frases ordenadas según el movimiento del pensamiento que las suscita) Comprensión mejor que expresión Variables de dificultad en la comprensión: longitud del enunciado, complejidad estructural del enunciado, ambigüedad semántica, contextualización del enunciado, rapidez de emisión.
AGNOSIA AUDITIVO-VERBAL	Sordera verbal Fluidez verbal perturbada Comprensión del lenguaje severamente afectada o ausente Expresión ausente o limitada a palabras sueltas Articulación gravemente afectada Comprensión normal de gestos.

TRASTORNOS DEL PROCESO DE TRATAMIENTO Y FORMULACIÓN	
TRASTORNO SEMÁNTICO PRAGMÁTICO	Desarrollo inicial del lenguaje más o menos normal Articulación normal o con ligeras dificultades Habla fluente, a menudo logorreica, puede emitir frases aprendidas de memoria Enunciados bien articulados gramaticalmente Dificultades en la comprensión, comprensión literal y/o no responder más que a uno o dos palabras del enunciado del interlocutor Falta de adaptación del lenguaje al entorno interactivo: deficientes ajustes pragmáticos a la situación o al interlocutor, coherencia temática inestable, probable ecolalia o perseverancia.
TRASTORNO LÉXICO-SINTÁCTICO	Habla fluente con pseudotartamudeo ocasional por problemas de evocación Articulación normal o con ligeras dificultades Jerga fluente (en el niño pequeño) Sintaxis perturbada: formulación compleja dificultosa, interrupciones, perífrasis y reformulaciones, orden secuencial dificultoso, utilización incorrecta de marcadores morfológicos, frecuencia de "muletillas" Comprensión normal de palabras sueltas Deficiente comprensión de enunciados.

La Intervención Fonoaudiológica

Las acciones de la intervención fonoaudiológica se pueden enumerar de la siguiente manera:
1. Entrevista Inicial
2. Evaluación
3. Devolución e informe
4. Intervención Terapéutica

Otro aspecto importante a tener en cuenta es que, tanto la evaluación, como las estrategias terapéuticas deben estar basadas en un marco teórico coherente que nos debe servir de fundamento. Seguir una línea teórica es importante para el sostenimiento y el progreso de nuestra intervención. Esto no significa necesariamente que tengamos que cerrarnos en una sola línea teórica. Cada niño e incluso cada momento terapéutico puede necesitar de las estrategias o de los recursos terapéuticos de diferentes líneas teóricas.

Entrevista Inicial

Cualquiera sea en Trastorno de la comunicación y el lenguaje, lo primero e indispensable es hacer una buena entrevista con los padres del niño. Es importante que los padres se sientan cómodos durante el desarrollo de la misma. El terapeuta debe generar un momento de escucha, pudiendo tomar datos de lo que los padres dicen y de cómo lo dicen. Las preguntas que se realicen deben ser claras, e incluso dar la posibilidad de que puedan describir diferentes situaciones como ejemplos. El terapeuta debe ser cauto al tomar ciertas afirmaciones como por ejemplo "comprende todo". A continuación enumeramos las sugerencias que da en relación al tema Ana María Soprano (…..).

En el desarrollo de la entrevista se deberá recabar la siguiente información:
1. Datos filiatorios del niño, datos de los padres.
2. Motivo de Consulta: suele ser un motivo bastante preciso. Algunos padres suelen dar mucha información, otros muy escasa. Es importante respetar las modalidades diferentes de cada padre. Otras veces los padres ya vienen con un diagnóstico de lo que leyeron en internet, (algo que no es muy recomendable ya que lleva a malos entendidos, falsas interpretaciones y llena de angustias, temores y prejuicios), otros ya hicieron consultas previas y vienen con la intención de confirmar lo que ya les dijeron, otros hicieron una consulta con el pediatra, el neurólogo, y ya tienen una presunción diagnóstica.
3. Historia del Niño: Es muy difícil en la entrevista encasillarse en un cuestionario rígido y cerrado. A veces no es posible seguir el mismo orden en todas las entrevistas. Los trastornos de la comunicación y el lenguaje se dan en el marco de las etapas del desarrollo del niño, en su historia personal, por lo que hay preguntas que deben hacerse obligatoriamente: antecedentes del embarazo, perinatales, adquisición de diferentes pautas evolutivas, entorno familiar y escolar, caracte-

rísticas de la comunicación, el lenguaje y el juego. También recabar información del desarrollo motor y de las características del mismo.

4. Hábitos: es importante indagar sobre diferentes hábitos como la alimentación, el sueño y control de esfínteres. Si presentan dificultad para acomodarse a una rutina diaria, baño, vestimenta, etc.

5. El tema a profundizar por supuesto es el desarrollo y las características actuales de la Comunicación y el Lenguaje: ¿Cómo era la comunicación y las verbalizaciones de bebé?, Miraba? Sonreía?, Hacía babababa mamamama papapapapa?. Cuando aparecieron las primeras palabras?, Cuáles fueron sus primeras palabras?, Utiliza gestos para comunicarse?, Responde a su nombre?, reconoce el NO y respeta los límites?, Logra hacerse entender?, como pide lo que quiere?, Se entiende lo que dice?, Comprende lo que le piden?, Usa lenguaje mientras juega?, Que pasa si no le entienden lo que pide?, Repite lo que le decimos?, A que le gusta jugar? Cómo juega? Imita situaciones de la vida cotidiana?

6. Conclusión y contrato: es una síntesis de algunos aspectos relevantes en la entrevista, en base a los cuales el terapeuta podría sugerir alguna estrategia de intervención. Comentar cual es el motivo de consulta y dejar bien claro los objetivos y la modalidad de intervención durante la evaluación (horarios, fechas de sesiones, cantidad de sesiones necesarias, etc).

Evaluación

El paso siguiente es evaluar cuidadosamente la Comunicación Verbal y No verbal, y dentro de la comunicación Verbal, cada uno de los aspectos que conforman el lenguaje: Comprensión (Semántico-léxico), Expresión (fonológico, sintáctico-gramatical) y Pragmática (funciones del lenguaje).

Una vez que realizamos la evaluación y que tenemos datos suficientes para intervenir, diseñar objetivos de intervención y elegir las estrategias terapéuticas adecuadas.

Hay tres formas de evaluar el lenguaje de un niño:
- Pruebas o tests estandarizados
- Realizar un registro de interacción más o menos espontánea
- Perfiles o escalas evolutivas estándar

Los test, son materiales estandarizados en su administración y su puntuación. Permiten evaluar en un sujeto el comportamiento obtenido (respuesta) y compararlo estadísticamente con los resultados obtenidos en la misma prueba en una población de referencia.

Ventajas: facilidad de administración, economía del tiempo, objetividad, existencia de puntuaciones normatizadas, posibilitan la comparación con la población normal o estándar.

Desventajas: evalúa el lenguaje dentro de una situación artificial y que los resultados no se corresponden con el desempeño de la función lingüística en contexto. Resultan escasamente comunicativos, ninguno alcanza a cubrir las capacidades lingüísticas de un locutor. Lo que se recomienda es que se tomen como un dato más, como una referencia numérica que debe ser contrastada y completada con otros datos disponibles.

A continuación nombramos algunas Pruebas o Test estandarizados, en castellano y baremados en español.

NOMBRE Y EDITORIAL	OBJETIVO	EDAD
Registro fonológico Inducido. CEPE	Fonológico	3-6
Test de Vocabulario en Imágenes. Peabody. Symtec	Comprensión de Palabras	2-16
Test de Conceptos Básicos de Boehm. TEA	Comprensión de frases	5-7
Test Illinois de Aptitudes Psicolingüísticas, ITPA, TEA	10 subtests de recepción y producción.	3-9
Prueba del Lenguaje Oral de Navarra. PLON. Gobierno de Navarra. España	Fonológico, morfosintáctico, semántico y Pragmático	4-6
Batería BLOC. MASSON	Morfología, sintaxis, semántica, Pragmática	5-14

En relación al registro y posterior análisis de la conducta espontánea del niño, permiten superar o complementar las limitaciones de las pruebas o los test estandarizados. Aguado (1995) citado en Soprano (1997), corroboran que "las muestras de lenguaje obtenidas a través de un juego semiestructurado en el que el niño interactúa con el adulto con la intermediación de juguetes, constituyen un instrumento eficaz para la investigación lingüística. Esta eficacia se fundamenta en que un niño pequeño pasa buena parte del tiempo jugando e interactuando con los adultos colaborando en alguna tarea de la vida cotidiana. Esta es la manera natural en la que un niño desarrolla su lenguaje por lo que nos daría información muy valiosa a la hora de intervenir.

Dentro de esta categoría contamos con la *"Hora de Juego Lingüística"* de Ana María Soprano (1997, descripta más adelante.

La tercera posibilidad para evaluar consiste en utilizar las escalas normativas estándar ya publicadas, que son una serie de conductas observables, ordenadas jerárquicamente en función de su aparición cronológica en el desarrollo, indicando una edad media de adquisición en niños típicos, formando una escala evolutiva.

La "Hora de Juego Lingüística"

Diseñada por Ana María Soprano (1997), desde una perspectiva sociolingüística, que consiste en obtener una muestra de lenguaje a través de una sesión de juego interactivo.

La situación de juego le permite al niño crear escenarios diversos en torno al material provisto, generando diferentes contextos lingüísticos. De esta manera la técnica nos brinda un abordaje exploratorio, interactivo, generador de respuestas verbales. Permite evaluar el nivel de vocabulario de un niño con escaso lenguaje además del análisis de conductas comunicativas en un nivel de desarrollo Pre lingüístico.

"Es una técnica exploratoria que considera la competencia comunicativa como situacional, interactiva, funcional y evolutiva."

Los niveles de análisis del lenguaje que se realizan son:

Fonético-fonológico, morfosintáctico, léxico semántico, pragmático discursivo.

Evalúa niños de entre 2 años y 6 meses a 6 años (o mayores con retrasos).

Tiempo de administración: de 15 a 45 minutos.

Para que la observación y su registro sean de provecho, se necesita una preparación previa.

En cuanto al *contexto de observación*, cuantos más variados sean, más representativa será la muestra (casa, escuela, plaza, etc). Muchas veces no contamos con esta posibilidad así que podemos generar dentro del consultorio situaciones lúdicas de interacción con un adulto o con algún hermanito.

Los materiales necesarios son los siguientes:
- Grupo I: personajes de una familia tipo, y el mobiliario básico de una casa.
- Grupo II: vajilla de cocina, equipo de mate, alimentos.
- Grupo III: animales, medios de transporte.

Forma de administración: Se presentan los juguetes del grupo I, mientras que los pertenecientes al grupo II y III se mantienen fuera de la vista del niño. Hay que tener en cuenta que los niños suelen desorganizarse ante la presencia de muchos estímulos.

Luego se suman los juguetes del grupo II. Debemos mantener la atención y motivación del niño. Si es necesario sumamos los juguetes del grupo III o podemos guardar los del grupo I y continuar con los juguetes del grupo III y del II. En este caso la capacidad del evaluador para mantener la motivación y atención del niño es de suma importancia.

Consignas: El examinador motiva al niño e intenta generar situación lúdica.

Grupo I-¡Mirá qué lindo!- ¡Qué tenemos aquí!- ¿Me ayudas a armar la casa?- ¡Este niño tiene sueño!-

Grupo I y II- ¿Le preparamos la comida?- ¿El papá quiere un mate, se lo preparas?- A mí me gusta la pizza, ¿y a vos?.

Grupo III- ¡La vaca se va de paseo en el camión! Decile.. ¡Chau vaca!. ¿Le damos de comer al caballito?- ¡El dinosaurio tiene sueño! ¡Lo pones en la cama?-

Contexto Lingüístico: Estas situaciones varían según el niño y la severidad de su trastorno. Por lo que tenemos que estar atentos a cada situación comunicativa que se genere sea verbal o no verbal, o sea inteligible o no. Se debe tomar registro de cada situación y expresión, teniendo en cuenta conductas comunicativas, gestos, mímica, onomatopeyas, palabras, neologismos, etc.

Método de registro: Filmación, con autorización previa de los padres, para uso estrictamente terapéutico, la grabación, o el registro por escrito.

Método de análisis: la evaluación a través del juego permite una infinidad de análisis que dependerá de los conocimientos técnicos del evaluador. Por lo que el lenguaje podrá analizarse en los diferentes aspectos fonológico, morfológico, sintáctico, semántico y pragmático.

Rol de examinador: será animar al niño a que se comunique oralmente (si existe código verbal) o generar actos de pedido (va depender si el niño tiene la necesidad o no) poner en práctica otras habilidades comunicativas gestos sonrisas, miradas, berrinches).

Devolución e Informe

Luego de realizar la evaluación y haber hecho un análisis exhaustivo de los datos obtenidos debemos informar sobre los mismos a los padres, tutores o encargados del niño y además comentarles sobre la modalidad del tratamiento, cómo vamos a trabajar, cuáles serán nuestros objetivos, qué estrategias vamos a implementar y de qué manera pueden ellos colaborar con la terapia. Es importante además realizar un encuadre de días y hora de atención, reforzando la importancia de la asistencia sistemática.

Todo esto debe ser plasmado en un informe por escrito que sirve de constancia de la evaluación realizada y que seguramente será necesario para realizar diferentes trámites administrativos o legales.

Tratamiento

El tratamiento para los diferentes subtipos de TEL fue organizado en función del trabajo realizado por Marc Monfort y Adoración Juárez, que plantean:
- Principios Generales de la Intervención.
- Modelo de Intervención en Tres Niveles
  - Nivel de Estimulación Reforzada
  - Nivel de Re-Estructuración
  - Sistema de Comunicación Alternativo.

Principios Generales en la Intervención Terapéutica en niños con TEL.

Monfort y Juárez (2007) enumeran una serie de principios para tener en cuenta en la intervención terapéutica en niños con TEL. Son principios generales que pueden regir cualquier tipo de intervención relacionada con el lenguaje y la comunicación, pero que se consideran de suma importancia en casos donde el aprendizaje del lenguaje resulta tan dificultoso.

Según lo manifiestan en la bibliografía no están ordenados con una jerarquía determinada, ni son nuestros ni son de nadie. Todos son importantes y han sido recopilados de múltiples lecturas y puestos en práctica en la experiencia clínica.

Los principios generales de la Intervención son:
- Principio de Intensidad y Larga Duración.
- Principio de Precocidad.
- Principio Etológico
- Principio de Prioridad para la Comunicación.
- Principio de Potenciación de las Aptitudes.
- Principio de Multisensorialidad.
- Principio de referencia al desarrollo normal.
- Principio de la Dinámica de Sistemas Facilitadores.
- Principio de la Revisión Continua.
- Principio de ajuste del tiempo.

A continuación haremos referencia brevemente a cada uno de ellos.

Principio de Intensidad y Larga Duración: en una alteración profunda y estructural del aprendizaje del lenguaje, se debe proyectar la intervención durante varios años y esta intervención debe ser intensiva, estable y continua.

Principio de Precocidad en la intervención que nos permitirá contar con una "plasticidad cerebral" mayor, de cara a posibles reorganizadores funcionales.

Principio Etológico: la intervención debe tener en cuenta al niño y a su familia como partícipes del proceso de construcción comunicativo lingüístico. Uno de los objetivos de la terapia es informar y formar a la familia del niño en cada etapa del tratamiento.

Principio de Prioridad a la Comunicación: Teniendo en cuenta a Vigotsky y Bruner sobre la idea de que el lenguaje se desarrolla por y para la comunicación, es que se intenta mantener en cada actividad y en cada procedimiento de aprendizaje el mayor grado posible de funcionalidad comunicativa, tal como ocurre en el desarrollo normal.

Principio de Potenciación de las Aptitudes: Teniendo en cuenta los aportes de Borel-Maisonny que plantean que es de suma importancia poder reconocer los aspectos o las funciones que se presentan con mejores niveles de desarrollo para potenciarlos al máximo y valorar en qué medida nos pueden servir para la construcción del lenguaje. Es característico en los niños con TEL que la memoria visual o la expresión mímica facial suelen aparecer con valores normales o incluso superiores a la media.

Principio de Multisensorialidad: Es muy común en los niños con TEL que presenten dificultad en el análisis de la información que les llega por vía auditiva, sobre todo si viene de forma secuencial. Es por esto que se recomienda utilizar como vía de refuerzo el canal visual y el táctil. No se debe esperar al fracaso de la vía auditivo-verbal para la utilización de este principio. Se ha demostrado que la introducción precoz de estas ayudas potencia el desarrollo del lenguaje oral y que en la medida en que al niño les resulte innecesarias, desaparecen de su repertorio.

Principio de Referencia al Desarrollo Normal del Lenguaje: Los contenidos de los planes de tratamiento deben estar inspirados y ordenados según la secuencia del desarrollo del lenguaje del niño típico.

Principio de la Dinámica de Sistemas Facilitadores: Como se habitúa hacer en el desarrollo de un niño típico, en los niños con TEL también se deben brindar las ayudas y facilitaciones que necesita para evolucionar. Muchas veces estos niños son tildados de "vagos para hablar" y los padres suelen recibir consejos de no dar facilidades porque sino el niño se acostumbra a ellas y "no hablará nunca". La adquisición del lenguaje no es el resultado de un esfuerzo consciente para aprender y no requiere del ejercicio de la voluntad dirigida a esto. Es por esto que la velocidad de aprendizaje no depende de las ganas o no que tenga de hablar bien.

Principio de Revisión Continua: Es necesario realizar una revisión de los objetivos planteados y los resultados obtenidos para poder adecuar nuestro trabajo a cada momento de evolución.

Principio de Ajuste del Tiempo: Los niños con TEL necesitan varios segundos para responder a una demanda, sobre todo si es verbal. También se produce un enlentecimiento de la comprensión de las consignas verbales. Es por esto que tanto en la presentación de estímulos como en la espera a las respuestas debe ajustarse el tiempo en función a las necesidades del niño.

Modelo de Intervención en Tres Niveles
- Nivel de Estimulación Reforzada
- Nivel de Re-Estructuración
- Sistema de Comunicación Alternativo.

Estos niveles de intervención se plantean teniendo en cuenta la diversidad de sintomatología que presenta cada niño con TEL.

Estos recursos de Comunicación Aumentativa se pueden utilizar además para lograr mayor estructuración en el lenguaje, favoreciendo la formación de frases cada vez más complejas.

Nivel de Estimulación Reforzada:
El nivel de Estimulación Reforzada consiste en apuntalar el modelo natural de adquisición del lenguaje, presentando los estímulos comunicativos y verbales naturales en un ambiente facilitador. También se debe aumentar la intensidad de las interacciones con los adultos, controlando las conductas que los adultos solemos presentar habitualmente en el proceso de adquisición del lenguaje en un niño típico. Dentro de este nivel se realizan:
- Sesiones de Estimulación Funcional
- Programa Familiar.

Las sesiones de estimulación funcional se intentan crear situaciones de interacción comunicativas brindando al niño modelos claros en un entorno facilitador. Estas sesiones suelen ser individuales en sus inicios y transformarse luego en sesiones grupales de dos o tres niños. El juego simbólico, el juego competitivo y los juegos verbales constituyen las tres formas de interacción más habitualmente utilizadas en las sesiones: con los niños pequeños seguirán muy ligadas a la manipulación de material concreto y poco a poco, se busca llegar a juegos puramente verbales. Progresivamente se le puede mostrar cómo aplicar el lenguaje a situaciones nuevas y a funciones lingüísticas más elaboradas.

Los juguetes seleccionados y las temáticas propuestas tienen que ver directamente con la edad y los intereses del niño, actuando como motivadores y soportes de la atención.

Durante el juego podemos… Simbolizar, Ordenar, Clasificar, Anticipar, Evocar, Modelar acciones y ampliar vocabulario. Las motivaciones en el juego no suelen ser las mismas en todos los niños, pero debemos respetarlas. El juego suele ser repetitivo, pobre, escaso en situaciones simbólicas. El terapeuta es quien debe sacar provecho de cada situación de juego que plantea el niño, siendo flexible y creativo para enriquecer, variar y complejizar poco a poco el juego de cada niño.

Debemos fomentar instancias de intercambio mientras jugamos tratando de lograr un lenguaje funcional a la situación lúdica planteada, con diferentes estrategias:

- El niño habla y nosotros contestamos.
- Nosotros hablamos y el niño nos contesta.

Existen numerosos Recursos Didácticos para estimular el lenguaje durante el juego. A continuación se mencionan algunos referidos por Adoracion Juarez Sanchez y Marc Monfort (2001).

En niños con Nulo o Escaso Lenguaje oral se utilizan los siguientes recursos:

- Autoconversación: el adulto comenta en voz alta lo que hace o piensa mientras se desarrolla el juego. Va narrando las situaciones que plantea en el juego, utilizando un lenguaje simple, cargado de prosodia y gestos.
- Habla paralela: el adulto va comentando en voz alta lo que hace el niño, interpretando posibles intenciones, describiendo los objetos que usa en el juego. También se utiliza un lenguaje sencillo, con frases cortas y mucha expresividad.

Estas estrategias favorecen la imitación de esquemas lúdicos, proporcionando contenido y vocabulario. Además nos permite observar las reacciones del niño (placenteras o no) para enriquecer o modificar la situación que estamos planteando.

- Denominación de objetos mientras jugamos.
- Realización de órdenes simples durante la situación de juego.

Con estas actividades favorecemos la incorporación de vocabulario, la comprensión del lenguaje oral y la planificación de la acción.

- Realizar preguntas cuyas respuestas sean "SÍ" ó "NO".
- Realizar preguntas dando 2 o 3 alternativas.
- Preguntas cuya respuesta sea una sola palabra.
- Preguntas cuya respuesta sea una frase simple o cada vez más compleja.

Dentro de las opciones de expresión podemos brindar durante el juego las siguientes opciones:

- Modelo correcto de expresión (de manera inmediata a la expresión del niño)
- Expresiones de puesta en duda (este es blanco o negro?)
- Expresiones con respuesta falsa (permitimos la emisión correcta por parte del niño)
- Proporcionar recurso no verbal, mediante estrategias de Comunicación Aumentativa.

Las canciones infantiles, los libros de cuentos, los videos, las fotos, y todo lo que sea de interés del niño es un muy buen recurso para estimular el lenguaje y la comunicación.

En cuanto a los programas familiares, se plantea la necesidad imperiosa de informar y formar a los padres para que todo lo trabajado en las sesiones pueda ser reforzado y facilitado en contextos comunicativos donde el niño pasa la mayor parte del día. Es de suma importancia pautar entrevistas periódicas con los padres para lograr este feedback con todos los actores en esta instancia de la intervención.

Lo que tenemos que tener claro es que el 1º objetivo es la comunicación y el 2º es el restablecimiento del código. Esto debemos dejarlo claro a los padres en la entrevista de devolución y la primera intervención es la indicación de "DEJAR DE LADO LA INSISTENCIA A QUE EL NIÑO HABLE O QUE LO HAGA DE MANERA CORRECTA".

Por otro lado se sugiere que primero se trabajen las diferentes estrategias en consultorio y que una vez que se logren podamos compartirlos con los padres. De esta manera podremos lograr una generalización exitosa del recurso y evitaremos numerosas instancias de frustración tanto del niño como de la familia.

Nivel de Re-Estructuración

El Nivel de Reestructuración se basa en que los niños con TEL presentan alterados ciertos procesos de in-put y de out-put. Por esto se deben introducir durante la interacción verbal, recursos aumentativos de comunicación (no verbales) por parte de los adultos, añadiendo información visual, táctil o motriz, al componente acústico del lenguaje. Por otro lado, el niño podrá utilizar estos mismos recursos aumentativos para mejorar el rendimiento de su expresión. Puede utilizar recursos gestuales o gráficos (señas, gestos, fotos, pictogramas, etc).

Sistema de Comunicación Alternativa-aumentativa.

La Introducción de un Sistema Alternativo de Comunicación se da cuando la comunicación verbal es ineficaz o muy limitada. Este sistema puede ser un recurso definitivo o en algunos casos se va debilitando con la aparición poco a poco del lenguaje oral. Este tema se describe en profundidad en el capítulo de Comunicación Aumentativa.

Comunicación Aumentativa

En el presente capítulo partimos del principio de que todas las personas son "educables", no existe ningún usuario que de acuerdo al grado de discapacidad que tenga no pueda beneficiarse de la Comunicación Aumentativa Alternativa.

La Comunicación siempre es posible y toda persona puede llegar a hacerlo. Por esto, toda persona con trastorno en la Comunicación y el Lenguaje es candidata o potencial usuario de CA, sea cual fuere la causa de su trastorno (motor, sensorial, intelectual, etc).

La Comunicación Aumentativa sustituye otras expresiones vigentes varias décadas atrás, tales como "sistemas alternativos de comunicación" o "sistemas alternativos/aumentativos de comunicación". Luego se usaron "sistemas aumentativos de comunicación" ó "lenguajes alternativos". En la actualidad se utiliza un término más amplio de "COMUNICACIÓN AUMENTATIVA", que se define como todas aquellas opciones, sistemas o estrategias que se pueden utilizar para facilitar la comunicación de toda persona que tiene dificultades graves para la ejecución del habla. Torres Montreal 2001.

Para la Comunicación Aumentativa se utilizan diversos SISTEMAS DE COMUNICACIÓN ALTERNATIVA/AUMENTATIVA que se definen como un conjunto organizado de elementos no-vocales para comunicar, que no surgen espontáneamente, sino que se adquieren mediante un aprendizaje formal. Estos sistemas permiten representar y comunicar funcionalmente, modificando el entorno de manera espontánea y generalizable. (Torres Montreal 2001)

"Los Sistemas Alternativos de Comunicación son instrumentos de intervención logopédica/educativa destinado a personas con alteraciones diversas de la comunicación y/o del lenguaje, y cuyo objetivo es la enseñanza, mediante procedimientos específicos de instrucción, de un conjunto estructurado de códigos no vocales, necesitados o no de soporte físico, los cuales (…) permiten funciones de representación y sirven para llevar a cabo actos de comunicación funcional, espontánea y generalizable". (Tamarit, 1989).

LA COMUNICACIÓN AUMENTATIVA Y EL USO DE LOS SISTEMAS DE COMUNICACIÓN AUMENTATIVOS-ALTERNATIVOS SE ENSEÑA Y SE APRENDE.

El objetivo de la CA es instaurar o ampliar los canales de comunicación de las personas con alteraciones severas, agudas o crónicas, del lenguaje expresivo o del habla, logrando de esta manera el desarrollo de sus potencialidades y mejorando su calidad de vida. Con el uso de CA se logra mejor autonomía de la persona no-vocal y se proporciona mayor fluidez a sus actos comunicativos.

Además de las diferentes funciones comunicativas-lingüísticas que se favorecen con el uso de CA, también se pueden abordar otras funciones tales como:

- Anticipación de lo que va suceder presentando objeto o imagen representativa del momento o hecho a anticipar.
- Organización Diaria o semanal mediante el uso de agendas.
- Regulación de la conducta, anticipando la conducta esperada.

–   Organización de los contenidos escolares realizando adecuaciones curriculares de acceso mediante recursos de CA.

"Para el logro de estos objetivos, el momento de introducir estas estrategias de CA debe ser lo más temprano posible.

Hoy no podemos sostener la creencia de que si usamos estrategias de CA, se impide el potencial desarrollo del lenguaje oral y/o del habla. Son múltiples las investigaciones que avalan el hecho contrario: cuando una persona tiene cubiertas sus necesidades básicas comunicativas, mejora la calidad y aumentan las emisiones verbales; además, se desarrollan habilidades comunicativas, se aprende y se habitúa a la participación social, se mejora la comprensión del mundo, etc. Todos estos aspectos mencionados son necesarios para el desarrollo de cualquier tipo de lenguaje". (Torres Montreal 2001).

La CA provee al usuario de un medio de comunicación:
–   TEMPORAL hasta desarrollar el lenguaje (AUMENTATIVO)
–   PERMANENTE Si no se logra lenguaje (ALTERNATIVO)
–   FACILITADOR del desarrollo del lenguaje (AUMENTATIVO)

El término aumentativo hace referencia al incremento del lenguaje expresivo, que si bien está presente, no es suficiente para establecer una comunicación fluida e inteligible.

El término alternativo hace referencia a la sustitución del lenguaje oral dada la ausencia total del mismo.

Clasificación de los SCA

Los Sistemas de Comunicación Aumentativa se clasifican en:
–   SCA *con* apoyo o ayuda externa.
–   SCA *sin* apoyo o ayuda externa.

Los _SCA con apoyo_, se orienta a mejorar el *output* y utilizan sistemas ortográficos, pictográficos e informáticos, que suplan en todo o en parte las deficiencias expresivas o articulatorias del usuario.

Utilizan Objetos concretos, fotos, imágenes, pictogramas ó escritura. Necesitan de un soporte externo.

Tienen la ventaja de ser más estables y facilitan el procesamiento de la información y comunicación. Requieren menos esfuerzo cognitivo y menores habilidades motrices. Además suelen ser más sencillos y comprensibles.

Para alumnos con graves problemas motrices puede suponer una respuesta comunicativa, puesto que hay muchísimas adaptaciones para que el alumno pueda señalar (con la cabeza, con los pies, aprovechando cualquier resto motor de alguna otra parte de cuerpo etc.).

El principal problema es que el usuario siempre ha de ir con su ayuda para poder comunicarse, ante lo cual habrá momentos del día donde no se le posibilite la comunicación si no cuenta con su soporte o no dispone de los objetos o imágenes.

El proceso comunicativo se hace más lento.

Requieren cierta atención y habilidades de discriminación visual.

Exigen menos atención del interlocutor, pues al señalar el alumno, el adulto dispone de mayor tiempo para recibir el mensaje.

Son más sencillos para las demás personas, ya que suelen llevar salida de voz que traduce los mensajes, o bien las letras correspondientes al pictograma seleccionado, ante lo cual con unas mínimas nociones acerca del sistema se puede conseguir una comunicación fluida.

Ej: SPC (Sistema Pictográfico de Comunicación), PECS, BLISS, etc

Los *SCA sin apoyo*, utilizan la expresión facial y corporal y tienen la ventaja de ser más manejables, dinámicos, autónomos y económicos que los SCA con apoyo. Pero tienen la desventaja que desaparecen en el tiempo, igual que el habla, y por lo tanto requieren mayores capacidades cognitivas, sobre todo en memoria a corto plazo, como ocurre con los diferentes sistemas manual y gestual.

No precisan de unos niveles cognitivos previos en algunos de los Sistema sin Ayuda, pues por su metodología de enseñanza se adecuan a la necesidad del usuario.

Se pueden iniciar desde edades muy tempranas.

Son más accesibles, ya que la persona siempre lleva las manos consigo para poder signar, lo cual facilita la comunicación en cualquier contexto y situación.

Se requiere que la persona que signa disponga de alguna motricidad para realizar los

Signos, (aunque siempre los signos se pueden adaptar a las posibilidades motrices del usuario).

El proceso comunicativo puede ser bastante rápido.

Requieren mucha atención por parte del interlocutor, pues no quedan escritos ni gravados sino representados en el espacio.

Exigen del interlocutor el conocimiento de los signos, con lo cual en ocasiones la Comunicación no se puede generalizar a muchas personas si no hay una sensibilización de las personas del entorno cercano al niño.

Ej: Dactilología, Lengua de Signos, Bimodal, Comunicación Total, Palabra Complementada.

Resaltar que los Sistemas son un medio para la comunicación, pero no un fin en sí mismos. Lo importante es que el usuario adquiera un repertorio de destrezas que le posibiliten interaccionar con su entorno. De esta premisa se deriva la posibilidad de que se adapten los sistemas, se combinen con otros o se individualizan en función de las necesidades de cada usuario.

En definitiva lo que nos interesa, sea un método con ayuda o sin ella, es que el usuario consiga una comunicación funcional, espontánea y generalizable.

Sin ayuda	• Alternativos	Ej: dactilología
	• Aumentativos	Ej: LPC y el bimodal
	• Alternativos/aumentativos	Ej: gestos naturales, LSA
Con ayuda	• SOC (ortografía)	Silabarios
	• SIC (informática)	Comunicadores
	• SPC (pictografía)	SPC, Bliss, Pécs, Rebús…

* "Sistemas de comunicación aumentativos alternativos" Torres Montreal año 2001.

Selección de un SCA

Este proceso de selección se inicia con una evaluación del usuario y de entrevistas con los familiares, maestros, etc, además de una observación funcional de los diferentes contextos en donde se desarrolla la persona. Teniendo en cuenta las potencialidades cognitivas, motrices y sensoriales del usuario, se analizan las características de cada SCA disponible y se define cuál es el más adecuado.

Se debe tener en cuenta que el SCA seleccionado permita amplitud de vocabulario, disponibilidad en los diferentes contextos, espontaneidad y fluidez en los actos comunicativos.

El vocabulario a seleccionar debe estar directamente relacionado con las necesidades del usuario en sus diferentes contextos.

En relación a los contextos, se hace referencia al terapéutico, familiar, escolar y social.

La posibilidad de combinar uno o más SCA dependerá de las necesidades del usuario y de que esta combinación facilite aún más la comunicación.

En todo lo que se viene comentando se observa el carácter INDIVIDUAL de la implementación de CA, teniendo en cuenta las potencialidades, necesidades y contextos de cada persona usuaria de CA.

Enseñanza de un SCA

Este proceso de enseñanza de uso de un SCA debe ser planificado, con objetivos planteados, estrategias y recursos organizados y secuenciados. Pero también debe tener cierta flexibilidad y creatividad. Este proceso de instrucción involucra también a la familia, cuidadores, maestros, etc del usuario, ya que una vez aprendido en instancias terapéuticas, deberá generalizarse a los diferentes contextos.

Este proceso requiere una evaluación permanente relacionada con la efectividad de la comunicación y debe permitir constantes modificaciones para el logro del objetivo planteado.

Si bien cada SCA describe su modo particular de enseñanza, hay generalidades a tener en cuenta en el proceso general del recurso de CA:

1. Asociar el signo seleccionado (objeto, foto, pictograma, gesto, signo manual), al significado.
2. Seleccionar la función comunicativa a trabajar. Entrenar una por vez. (pedir, elegir, informar). Generalmente se inicia con el pedido con uno o dos signos relacionados con preferencias del usuario. Luego se va complejizando tanto en cantidad de signos como en variedad de funciones.
3. Modelar y entrenar la conducta comunicativa mediada por el signo seleccionado (señalado, intercambio, etc).
4. Utilizar siempre un refuerzo positivo.
5. Generalizar el uso a diferentes contextos.
6. Instruir a diferentes interlocutores.
7. Utilizar soportes que se adapten a cada contexto.

PECS (Sistema de Comunicación por Intercambio de Imágenes)

Este sistema fue diseñado para ser usado en niños de edad preescolar con autismo, desórdenes socio- comunicativos que no desarrollan un lenguaje expresivo y comprensivo funcional o socialmente aceptable. Esto quiere decir niños que no hablan en absoluto o lo hacen solamente de manera auto estimulatoria, o con síntomas lingüísticos ecológicos.

Este sistema en primer momento fue utilizado en niños de 18 meses, por lo que en la actualidad ha sido modificado y se utiliza con individuos de todas las edades (incluyendo personas adultas) con amplios desórdenes comunicativos.

El sistema de comunicación por intercambio de imágenes (PECS) fue desarrollado por el *Delaware Autistic Program*, en respuesta a las dificultades que se experimentaron por muchos años, al probar con una variedad de programas de entrenamiento de comunicación en alumnos con autismo.

Este sistema proporciona a los niños muy pequeños un medio de comunicación dentro de un contexto social.

A los niños que utilizan el PECS se les enseña a aproximarse y entregar la figura del ítem deseado a la otra parte involucrada en la comunicación. Haciéndolo de esta manera el niño inicia un acto comunicativo por un resultado concreto dentro de un contexto social.

PECS empieza con la enseñanza de habilidades comunicativas funcionales para el niño con déficit socio comunicativo. Enseña una comunicación espontanea.es importante que el niño aprenda desde el comienzo del entrenamiento a iniciar intercambios comunicativos. Este cambio es logrado mediante la utilización de estrategias específicas diseñadas para limitar y controlar la cantidad y tipo de instigación o ayuda que se emplea. (The Picture Exchange communication System Training Manual PECS Spanish Edition).

Enseñanza de PECS

Durante todo el entrenamiento con PECS se utiliza una variedad de técnicas conductuales de enseñanza. Esto significa que se da una consideración cuidadosa tanto a las instigaciones (ayudas) que se brindan antes que una conducta o respuesta esperada tenga lugar, así como a las consecuencias sociales y/o tangibles que siguen a la conducta. Tales técnicas incluyen el encadenamiento hacia atrás, el moldeamiento, la instigación anticipada, la instigación demorada y el desvanecimiento de instigadores físicos.

Evaluar los reforzadores.

Ya que el entrenamiento de la comunicación dentro de PECS comienza con actos funcionales que ponen al niño en contacto con reforzadores eficaces; el entrenador debe averiguar a través de la observación constante lo que el niño desea: esto se hace mediante la evaluación de reforzadores:

De esta forma se determina que elementos son: Muy *preferidos, Preferidos y No preferidos.*

1. presentar al niño un grupo de elementos (entre 5 u 8 a la vez) entre ellos alimentos y juguetes, determinar aquel elemento que el niño se acerca viva y reiteradamente o trata de agarrar. Se califica a estos ítems como Preferidos.

2. retire el ítems después de que el niño lo haya seleccionado por lo menos 3 veces, y apuntarlo como el *más preferido* y continué la evaluación con los ítems que quedan. Debe determinar un grupo con 3 a 5 ítems como los *más preferidos.* Este procedimiento debe realizarse tanto con alimentos como con juguete

3. empleando los juguetes y los alimentos continué con la evaluación a fin   de calificar dichos elementos como *Muy preferidos, Preferidos y No preferidos.*

Tenga en cuenta para la selección de los ítems, ya sea la edad de los niños y los intereses que presente.

Fases de PECS

El PECS consta de 6 etapas de instrucción, siendo estas enseñadas consecutivamente, una vez que el niño tenga consolidada la fase anterior es enseñada la fase siguiente:

Fase I *El intercambio Físico*

Ambiente de entrenamiento, el alumno y dos entrenadores están sentados a la mesa de entrenamiento. Unos de los entrenadores está detrás del alumno y otro enfrente de él. El ítems más preferido está disponible pero ligeramente fuera del alcance del alumno. La figura del ítem se encuentra sobre la mesa entre el alumno y el ítem deseado.

Durante esta fase no se emplean instigaciones verbales. Dos entrenadores son necesarios para esta fase. Disponga de por lo menos 10 o 15 oportunidades durante el día para que el alumno efectúe el pedido.

Se debe guiar físicamente al alumno a recoger la figura, y extender la mano y entregar la figura.

Conteste como si el alumno hubiese hablado.. Ej.:"… si le entrega una figura de Coca, debemos contestar.. Ah querías tomar coca, toma la coca.."

En esta etapa es importante reforzar siempre cada intercambio exitoso. Este no es momento de decir NO.

Fase II *Aumentando la Espontaneidad*

Ambiente de entrenamiento, pegue la figura de un ítems de mayor preferencia con velcro a un tablero de comunicación, el alumno y el entrenador están sentados a la mesa como en la Fase I.

Objetivo Final, es que el alumno va a su tablero de comunicación, despega la figura, va   hacia el adulto y suelta la figura en la mano de este. A medida que se cumpla el objetivo el entrenador comenzará a ir alejándose paulatinamente del alumno, hasta lograr una distancia considerable dentro de la misma habitación en que se esté realizando el intercambio.

En esta fase no se emplean instigaciones verbales.

Deben ser enseñadas una variedad de figuras, presentadas de una por vez..

Se debe usar la guía física para enseñar al alumno a retirar la figura.

Es importante en esta etapa que el alumno no escuche un *NO* o *NO TENGO EN ESTE MOMENTO* ya que es una etapa de aprendizaje y el mismo debe ser siempre exitoso. En esta fase el alumno debe ir y encontrar las figuras que ya fueron enseñadas.

Se sugiere preparar tableros de comunicación empleando carpetas pequeñas de entre 2 y 3 argollas, cuadernillos, tableros pequeños y firmes, ya que este material podrá el alumno manipularlo sin asistencia de otra persona, teniendo siempre presente que alumno beneficiario del mismo, no presente perturbaciones motrices que le impiden realizarlo.

Fase III *Discriminación de la Figura*

Ambiente de entrenamiento: el alumno y el entrenador están sentados en la mesa, uno frente al otro. Tienen disponibles varias figuras de ítems deseables (muy preferidos) así como figuras de ítems no deseables (no preferidos) .

El objetivo final, es que el alumno pueda solicitar los ítems deseados, dirigiéndose al tablero de comunicación, seleccionando la figura deseada de un grupo de ellas, acercándose hacia el otro miembro de la comunicación y entregando la figura que obtuvo.

En esta fase tampoco son utilizadas instigaciones verbales.

Es importante variar la posición de las figuras en el tablero, hasta que alumno pueda dominar la discriminación de las figuras.

Primero debe ser enseñada la figura relevante y una inapropiada en el contexto.

Se debe tener certeza de que los pedidos del alumno correspondan a sus acciones.

Como el tablero de comunicación comienza a llenarse es recomendable comenzar hacer las figuras más pequeñas la graduación se irá haciendo en función a las necesidades del alumno.

Si el alumno comete un error durante el entrenamiento de la discriminación de la figura es conveniente evitar decir NO, si el alumno le da... *un par de medias...* se le dirá... *un par de medias queres?...* cuando el alumno reaccione   al recibir este ítems, se debe señalar la figura correcta en el tablero de comunicación y decir ... *si quieres tomar coca, debes pedir una coca...*

Fase IV Estructura de la Frase.

Ambiente de entrenamiento: debemos tener el tablero de comunicación, con varias figuras disponibles en el, una "tarjeta porta frase" que puede ser fijada con velcro en el tablero de comunicación y a la cual se pueden adherir figuras, una figura *"yo quiero "* y objetos / actividades reforzantes. en vista a que el alumno está incrementando su vocabulario , las figuras en el tablero de comunicación pueden estar dispuestas en categorías generales para una recuperación más fácil

El objetivo final: es que el alumno solicita ítems que están presentes y otros que pueden no estar, empleando una frase con palabras múltiples,escogiendo un símbolo o figura de " yo quiero ", poniéndolo sobre una tarjeta porta frase del tablero de comunicación. para el final de esta fase el alumno tiene generalmente de 20 a 50 figuras en el tablero de comunicación y se estaría comunicando con una amplia variedad de personas.

Se debe continuar las verificaciones periódicas de correspondencia.

Con la tarjeta porta frase ubicada del lado izquierdo del tablero de comunicación *" yo quiero "* se le va añadiendo una nueva habilidad por vez para que el alumno no confunda cual es la acción a realizar y este procedimiento no se automatice.

Se debe comenzar a crear oportunidades, para que el alumno pida ítems/actividades que no estén a la vista, con el tiempo el alumno comenzará a pedir ítems que saben están disponibles pero que no están a la vista.

No debe preocuparse si en primera instancia el alumno pone en orden la figura porta frase *" Yo quiero "* y el sustantivo debe ser ayudado masivamente y luego ir desvaneciendo la ayuda. si persiste en el tiempo la dificultad debe ser codificada la tarjeta *"Yo quiero"* con algún color determinado para que pueda identificarla rápidamente.

Fase V Respondiendo a " ¿Qué deseas?"

Ambiente de entrenamiento: en el tablero de comunicación la figura " yo quiero " y las figuras de los ítems deben estar disponibles. También deben estar disponibles varios ítems reforzantes; pero que sean inaccesibles.

El objetivo final: el alumno puede pedir en forma espontánea una variedad de ítems y contestar a la pregunta ¿ que deseas ?

En esta etapa es importante continuar reforzando verbal y tangiblemente cada respuesta correcta.

Debe ser usada la instigación demorada para el entrenamiento durante esta fase. El alumno debe aprender a "ganar" a la instigación.

Una vez que el alumno pueda ganar constantemente a la instigación, combine sistemáticamente las oportunidades para pedir en forma espontánea y responder a la pregunta ¿que deseas? el alumno debe hacer ambas cosas sin instigación.

Es necesario de por lo menos crear 20 oportunidades por día para que el alumno pueda hacer su pedido durante las actividades funcionales.

En esta fase muchos niños ya están haciendo contacto ocular mientras entregan la figura a su entrenador. Si el niño no está haciendo contacto ocular, la siguiente secuencia de entrenamiento resultará más eficaz.

Es importante estimular el pedido espontáneo por parte del alumno usuario ¡no olvidar!

Fase VI   Respuestas y comentarios espontáneos.

Ambiente de entrenamiento: tener disponible el tablero de comunicación con la figura "*yo quiero*" «yo veo» y la figura "*yo tengo*". Tenga también disponible varios ítems de menor preferencia de los cuales el alumno ya aprendió la figura.

Objetivo Final: el alumno contesta apropiadamente a la pregunta ¿que deseas? ¿Que ves? ¿Qué tienes? así como ir incorporando preguntas similares que se hacen al azar.

En esta etapa es conveniente reforzar cada acto comunicativo con reforzamiento social y tangible para los pedidos, y de tipo social para los comentarios.

Crear por lo menos 20 oportunidades por día con el fin de que el alumno efectúe el pedido o comente durante las actividades funcionales.

Este es el paso más difícil en PECS, por lo cual es conveniente tener paciencia y seguir al alumno en todos aquellos mínimos detalles que pueda realizar mientras se esté enseñando.

Se recomienda usar aquí ítems de baja preferencia para empezar.

Se comienza haciendo de una pregunta por vez y esperar la respuesta que tenga el alumno, es importante aquí usar la instigación demorada.

Una vez que el alumno haya aprendido debe empezar a realizarse las tres preguntas simultáneamente dándole la opción para que pueda elegir y responder.

Aquí el alumno está aprendiendo a comentar una pregunta por lo que no es conveniente usar ítems altamente reforzantes, esto es importante realizarlo ya que el niño debe aprender la diferencia entre *pedir y comentar.*

Símbolos pictográficos para la comunicación (SPC)

Es uno de los sistemas pictográficos de comunicación que más posibilidades ofrece. El éxito de este sistema está relacionado con la sencillez y transparencia de los pictogramas que usa.

Es un sistema de comunicación no oral, basado en símbolos pictográficos en su gran mayoría.

Los destinatarios son niños pequeños, personas con discapacidad cognitiva, personas sin lectoescritura, poblaciones sin conocimiento del idioma en situaciones puntuales o de emergencia.Las características del sistema se basan en cinco principios:
- Conceptos comunes para la comunicación cotidiana,
- La sencillez de los diseños,
- Universalidad dentro de lo posible,
- Discriminación entre símbolos,
- Ofrecerles en un soporte reducible, sin dificultad, abaratando costos, y facilitando la tarea de preparación de material y paneles,

La característica principal de este sistema es que está compuesto fundamentalmente por símbolos que son dibujos pictográficos, que guardan gran parecido con el objeto o situación real que representen. Se completan con algunos de los ideogramas y con el abecedario, los números y algunas palabras, a las que no se les ha encontrado ningún signo.

En un principio los dibujos fueron dibujados en negro sobre fondo blanco, para permitir tanto su fácil reproducción, como para poder proporcionarle un fondo o reborde según el código de colores, comúnmente aconsejado para la mayoría de los sistemas.

Los símbolos se presentan en tres tamaños: 8 x 8, 5 x 5, y 2,5 x 2,5 cm. Estos tamaños están acomodados a las plantillas con celdas que ofrece el material del sistema para la confección de paneles de comunicación, aunque siempre se recomienda adaptar el tamaño a la necesidad del usuario.

Teniendo en cuenta que la característica principal de este sistema es la gran representatividad de los dibujos, es decir su gran parecido con los objetos que representa (pictogramas), nos vamos a encontrar con que la mayoría forman parte de este grupo, lo que no quita que con el desarrollo del sistema se haya completado, el repertorio con símbolos de otra índole.
Código de colores para designar campo semántico.

Rosana Meyer recomienda colorear el fondo de cada símbolo, o fotocopiar el signo en papel de color, en función de la categoría gramatical de cada pictografía.

Para unificar las consignas y facilitar el uso de símbolos de diferentes sistemas en el mismo panel de un usuario, sigue el mismo código de color promovido por el sistema Bliss.

Sintaxis del sistema

A diferencia del sistema Bliss, el SPC no tiene una sintaxis propia, sino que se adecua a la de cada idioma. Al carecer de números nexos, adverbios y partículas, hace que la construcción de frases suele ser simple, ya que normalmente es la forma sintáctica que se enseña, como una estrategia comunicativa de economía de esfuerzos y ganar rapidez. Cuando es necesario enriquecer los mensajes se añaden tarjetas con palabras o símbolos de otros sistemas.

Con respecto a la conjugación de los verbos se ha incorporado en algunos de los casos el modo potencial, añadiendo un símbolo a la inicial de la palabra que nos indica esa acción.

Ejemplos de signos del SPC, disponibles en la WEB como SPC
Índice Temático

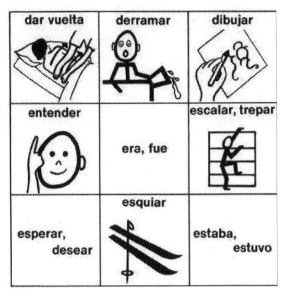

V9

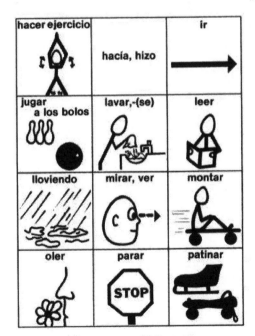

Color recomendado: verde

Sistema BLISS

El método de Charles Bliss, es un sistema   (simbólico gráfico - visual), de gran simplicidad y no es necesario haber adquirido la lectura para poder usarlo. En la prelectura el Bliss podrá usarse para identificar objetos sencillos y expresar ideas y sentimientos.

Los símbolos pueden combinarse de diferentes maneras, para formar nuevos significados con lo que se crea un sistema complejo, capaz de expresar ideas diferentes. Cada símbolo Bliss, tiene un significado lógico, ya sea que aparezca solo o   en combinación con otros símbolos lo que hace más fácil su comprensión y así su aprendizaje. Cada uno de los elementos que componen el símbolo, tienen una referencia directa con el significado. Esto es una gran ventaja para los niños que no pueden aprender a leer debido a su poca experiencia en la producción y combinación de sonidos.

Se utiliza muy frecuentemente en personas que presentan dificultades de la expresión oral y que sean susceptibles de adquirir nuevos aprendizajes.
Puede ser aplicado en personas con parálisis cerebral, como también en personas con deficiencia mental, sordas y afásicas.

Las personas con discapacidad, con un entrenamiento previo, son capaces de utilizar este método con mucha habilidad, a través de tableros convencionales, que presentan entre 150 y 400 símbolos aproximadamente, sean sea necesario para el usuario. También con la ayuda de un sistema informático, el rendimiento en el uso de Bliss se puede extender la comunicación con el exterior.
Características del sistema: posibilidad de dar salida a toda la información por diferentes vías, permite poder iniciar el proceso comunicativo, sin tener que ganar la atención visual del interlocutor.

La permanencia en el tiempo del acto comunicativo; promueve un aumento en la velocidad de transmisión; facilita la organización e información de forma individualizada y de esta forma aumentar las opciones comunicativas.
Retroalimentación objetiva y constante, al permitir al usuario escuchar y/o escribir su propio mensaje.

Requisitos y habilidades necesarias para utilizar Bliss.
<u>Habilidades Cognitivas</u>: están son propias del final del periodo preoperatoria o principio del periodo de las operaciones concretas, el

usuario de este sistema ha de saber comprender que una representación simbólica visual, puede servir como señal comunicativa.

<u>Discriminación visual:</u> de forma tamaño y orientación.

<u>Buena comprensión auditiva y visual.</u>

<u>Capacidad para seleccionar e indicar el símbolo elegido.</u>

Características del Bliss.

Indicado para personas que aún no están preparadas para la utilización del alfabeto gramatical y necesitan un vocabulario extenso.

Permite crear nuevos símbolos combinando un vocabulario extenso.

Es de fácil memorización, dado que incluye símbolos pictóricos.

Contribuye a mejorar el desarrollo global del niño o del sujeto que lo utilice.

Como sistema de comunicación, posibilita la interacción en el medio, con el cual aumenta la estima personal social del usuario.

Se agrupan en categorías para ser usado; que se identifican por colores:

Nombres: Naranja.

Personas: Amarillo.

Verbos: Verde.

Adjetivos: Azul.

Sociales: Rosa.

Aspectos gráficos del sistema Bliss

El sistema es gráfico, basado en significados, proviene de las formas geométricas y de los segmentos de esta (circulo, cuadrado y triángulo) existen formas adicionales que son de tamaño completo. (Corazón). Se utilizan también símbolos internacionales: números, signos de puntuación, flechas en diferentes posiciones, etc.

El significado del símbolo está definido por: la configuración del símbolo, tamaño, posición en relación a la línea del cielo y la línea de tierra, orientación y dirección de la forma, distancia entre los elementos, tamaño del ángulo, referencia posicional (debajo, encima, olvidar, aprender, etc.), números, signos de puntuación, situación del localizador, indicadores los más utilizados, plural, atributo, infinitivo, presente, pasado, contrario a, etc.

Tableros de comunicación

Los símbolos se van agrupando en un tablero de comunicación con un orden que favorezca el desarrollo de una buena estructuración sintáctica. Este tablero es el que el usuario llevará siempre para comunicarse y que se irá ampliando en función de sus nuevos aprendizajes.

Habla signada Benson Schaeffer (Comunicación Total)

El programa de habla signada para alumnos no verbales, es un Programa de Comunicación Total, diseñada para fomentar en tres partes o áreas el desarrollo del Lenguaje signado espontáneo en primer lugar, seguido del habla signada espontánea, y finalmente, del lenguaje verbal espontáneo.

Los términos Habla Signada y Comunicación total, hacen referencia al uso simultáneo de signos y palabras y a las técnicas de enseñanza que tienen que ver con su producción.

El objetivo de este programa es ayudar a alumnos no verbales a utilizar el lenguaje tan libre y creativamente posible.

El programa de área signada favorece el lenguaje espontáneo de signos, después el habla signada espontánea, y finalmente el lenguaje verbal espontáneo. Se sigue una secuencia de desarrollo, más o menos semejante al desarrollo lingüístico de los niños normales.

Este programa resulta adecuado para niños retrasados profundos, retrasados severos, retrasados educables, autistas, trastornos emocionales, retrasos del lenguaje moderados y severos, retrasos del desarrollo de preescolares, alumnos afásicos no verbales. Dependiendo de la capacidad del alumno, de la intensidad de la instrucción y del contexto, puede usarse el programa durante dos a seis años del currículo lingüístico.

El objetivo de la enseñanza del habla signada es el lenguaje hablado espontáneo, el habla signada espontánea o el lenguaje espontáneo de signos.

El programa especifica técnicas de enseñanza, contenido de las lecciones, y estructura secuencial. Al principio del entrenamiento se enseña a los alumnos el lenguaje signado, y la imitación verbal (hablan) como habilidades independientes, y después gradualmente aprenden a utilizar su lenguaje signado espontáneamente. Habrán aprendido la espontaneidad cuando signen sin la ayuda de otros, signen en situaciones nuevas, signen excéntricamente hacia sí mismos, signen expresiones o palabras completamente originales o nuevas, y aprendan incidentalmente nuevos signos. Estos alumnos como los normales piden espontáneamente objetos y actividades con signos, describen aspectos de su mundo, inician interacciones sociales, y ocasionalmente siguen una conversación, hacen preguntas y utilizan signos en juego simbólico. (Schaeffer, 1978)

Después de varios meses de signar espontáneamente, muchos alumnos, comienzan por sí mismo añadir aproximaciones verbales a sus signos.

Entonces se les enseña a signar y hablar simultáneamente (esto es a usar el habla signada). En un periodo de meses, la espontaneidad de sus signos cambia y llega tanto a ser parte de su habla, que empiezan ocasionalmente a hablar sin signar.

En este punto sus profesores comienzan la enseñanza del habla sin signado y los alumnos continúan por sí mismo, ampliando y refinando su lenguaje verbal.

En el programa de Habla signada el orden en que se enseñan las funciones lingüísticas son:

1. Expresión de deseos (petición de objetos y actividades).
2. Referencial (etiquetado, dar nombre, describir).
3. Conceptos de personas (utilizando los nombres de la gente, expresando emociones, usando discursos directos).
4. Pregunta o petición de información (preguntar y contestar preguntas relacionadas con la búsqueda).
5. abstracción (aprendizaje de pronombres, valores de verdad si – no lectura y habilidades numéricas.

El signo inicial que se le enseñe a un alumno le posibilita expresar un deseo, mediante una petición. Por lo tanto deberá representar a un alimento, actividad, juguete u otro objeto intensamente deseado.

Componentes de un signo
Los tres componentes de un signo son posición, configuración o forma de la mano y movimiento final.

La enseñanza del signo inicial, debe ser realizada a través del moldeamiento, para ello se deben agarrar las manos del alumno y formar con ellas completamente el signo. Se debe enseñar a signar con su mano dominante.

Desvanecimiento de las ayudas
Cuando el alumno empiece a signar espontáneamente de Manera gradual, desvanezca y vaya retirando su ayuda: primero del movimiento final, después de la posición de la mano, y finalmente de la forma de la mano.

Lengua de signos

La lengua de signos ha sido desde tiempos lejanos, el recurso natural, para la comunicación dentro de la comunidad sorda, que la aprende de forma natural, y se convierte para ellos en una lengua necesaria, útil y práctica.

La lengua de signos es una alternativa por su extensión y rango a la lengua oral.

La lengua de signos es un sistema simbólico, signado manual. Los signos manuales son unidades léxicas de carácter logográfico, que puedan agruparse en tres categorías:

1. signos deícticos: se caracterizan por *Señalar* aquello que desean, y hacen referencia al discurso.
2. signos representativos: se centran en la mímica natural, para comunicar cuando el conocimiento de la lengua es escaso, o se quiere representar el uso de objetos, acciones, etc.
3. signos arbitrarios: son signos simbólicos, aunque en su origen fueran icónicos o miméticos, hay que aprenderlos

La lengua de Signos como verdadera lengua natural, tiene su gramática propia, tanto a nivel fonológico como a nivel sintáctico.

Al primer nivel corresponden los seis parámetros del signo manual:

– Quirema; forma de las manos.
– Toponema, lugar donde se hace el signo.
– Kinema: movimiento de la mano.
– Kineprosema; la dirección del movimiento.
– Queirotropema; la orientación de la mano.
– Prosoponema: la expresión de la cara.

Al segundo nivel le corresponden las formas para designar, el género, número, los tiempos verbales, etc. En la sintaxis de la lengua de señas, hay reglas que la diferencian de la sintaxis de la lengua oral; por ej: el orden de los signos en el enunciado es el orden natural en que suceden los acontecimientos, es como una secuencia de película, se usan signos manuales acompañados de expresiones faciales y corporales, porque la información ofrecida en un momento dado puede ser muy variada

Comunicación aumentativa y nuevas tecnologías

La "ASOCIACIÓN AMERICANA DE HABLA LENGUAJE Y AUDICIÓN", pública la "Carta de Derechos de la Comunicación" presentada en 1992 por la Comisión Nacional para las Necesidades de Comunicación de Personas con Discapacidades Severas. Uno de estos derechos menciona que la persona con dificultades severas en la Comunicación debe disponer del equipamiento necesario para su comunicación.

Las TIC (Tecnologías de Información y Comunicación) dieron la posibilidad a las personas con discapacidad de acceder al uso de internet.

En la terapia fonoaudiológica de los Trastornos de la Comunicación y el Lenguaje se utilizan Softwares y Aplicaciones con diversos objetivos:

- Como soporte de Comunicación Aumentativa.
- Como refuerzo en el logro de diferentes habilidades relacionadas con la comprensión y expresión del lenguaje, con la lectura y la escritura y con las habilidades sociales.
- Fomentar el logro de hábitos de la vida diaria.
- Rampas Digitales que permiten o facilitan el uso de aplicaciones informáticas.

Softwares de accesibilidad.
- Barrido
- Lectores- nvda
- Headmouse
- Reconocimiento de voz
- Soplo
- Magnificador.

Hardware: tecnología de apoyo
- Computadora
- Tablet
- Pulsadores
- Joystick
- Mouse adaptados
- Lápices capacitivos.

La utilización de TIC en la terapéutica no es la única y mejor estrategia de intervención, pero en muchos casos facilitan, favorecen y motivan en el trabajo diario.

En el mercado están disponibles softwares y aplicaciones de Comunicación Aumentativa, gratuitos o con costo, que facilitan la comunicación. Teniendo en cuenta que la CA es una estrategia o recurso individualizado, debemos editar cada una de estas aplicaciones o softwares a las necesidades del usuario en sus diferentes contextos, de lo contrario no le será de utilidad. La elección de uso de un dispositivo electrónico para CA, debe seguir los mismos pasos de selección y enseñanza que cualquier otro SCA.

Referencias bibliográficas

AMERICAN PSYCHIATRIC ASSOCIATION. (2014). "Manual Diagnóstico y Estadístico de los Trastornos Mentales". 5º Edición. Editorial Médica Panamericana. España.

ANGIONO, V. FERNANDEZ REUTER, M. MERCADO, L. (2017). "Comunicación Aumentativa. Trastornos de la Comunicación y el Lenguaje". Editorial Brujas. Córdoba. Argentina.

ARTIGAS- PALLARES y NARBONA J. "Trastornos de Neurodesarrollo". (2011) Editorial Viguera. España.

DELETREA. MARTOS, Juan. (2009). "Los niños pequeños con Autismo". Editorial CEPE. Madrid España.

GALLARDO RUIZ. GALLEGO ORTEGA. (2000). "Manual de Logopedia Escolar". Ediciones Aljibe. Granada. España.

JUAREZ SANCHEZ, A.; MONFORT, M. (2001). "Estimulación del Lenguaje Oral". Entha Ediciones. Madrid.

MEJÍA, L. y otros. (2008). "Los trastornos del Aprendizaje: perspectiva Neuropsicológica". Neurociencias Magisterio. Colombia.

MONFORT, M., JUAREZ SANCHEZ, A. (2007). "Los Niños Disfásicos". Editorial CEPE. Madrid. España.

MONFORT, M., JUAREZ SANCHEZ, A. (2010). "El niño que habla". Editorial CEPE. Madrid. España.

PUYUELO SANCLEMENTE, M., RONDAL, J. WIIG, E. (2002). "Evaluación del Lenguaje". Editorial Masson. Barcelona. España.

SOPRANO, Ana María. (1997). "Hora de Juego Lingüística". Editorial de Belgrano. Buenos Aires.

TORRES MONTREAL, S. (2001). "Sistemas Alternativos de Comunicación". Ediciones Aljibe. Málaga. España.

Comunicación Aumentativa

http://aulaabierta.arasaac.org/documentos-caa

http://aulaabierta.arasaac.org/bibliografia_caa

Videotutoriales de software y apps para comunicación aumentativa y alternativa

http://aulaabierta.arasaac.org/software

Tableros de comunicación aumentativa para descargar

http://aulaabierta.arasaac.org/materiales-caa-tableros-de-comunicacion

http://aulaabierta.arasaac.org/materiales-caa-cuadernos-y-libros-de-comunicacion

http://aulaabierta.arasaac.org/materiales-caa-rutinas

http://informaticaparaeducacionespecial.blogspot.com.ar/p/tableros-de-comunicacion.html

CAPÍTULO V

Desarrollo y alteraciones de la fluidez

Lic. María Pía Coscueta.

La fluidez

Actualmente sabemos que la Fluidez es una función inestable, que en conjunto con la articulación (motricidad oral) y la voz, son las unidades que le dan individualidad a las personas y que componen el HABLA. Lo que nos lleva a considerarla una protagonista principal a la hora de pensar en las incumbencias de los profesionales que trabajan en las alteraciones del habla, lenguaje y la audición.

Durante muchos años el desarrollo de la Fluidez fue una de las áreas de estudio menos profundizadas en la disciplina fonoaudiológica, pasando de manera casi imperceptible y con responsabilidad suficiente para su abordaje.

La fluidez se desarrolla gradualmente, acompañando el desarrollo y la adquisición del lenguaje. Se estabiliza entre los 5 y 6 años aproximadamente.

Es una habilidad que todos poseemos en grado variable, dependiendo del mensaje que estamos transmitiendo, a quien o quienes se lo queremos comunicar e incluso a la situación propia de cada uno al momento de compartir ese mensaje. Pero siempre dentro de los parámetros normales de Velocidad adecuada, es decir no hablar más allá de lo que permite la capacidad motora del habla, utilizando un Ritmo apropiado, que suene espontáneo y natural, y sosteniendo una emisión con Continuidad del mensaje, que pueda surgir una palabra detrás de la otra. Estos tres parámetros deben darse sin ningún tipo de esfuerzo, ni muscular, ni mental, a lo que Starkweather agrega el componente Facilidad.

En pocas palabras, hablar con fluidez nos remite a hablar con comodidad. La interrupción o el esfuerzo en el habla lleva a la persona a enfrentarse en cada situación comunicativa a momentos de incomodidad.

Durante el desarrollo del lenguaje es muy frecuente que aparezcan algunas interrupciones o discontinuidades en el flujo de la frase, llamadas *Disfluencias Típicas*, las cuales cumplen la función de planificación y ejecución. Los niños las utilizan para reforzar lo aprendido, ya sea, repitiendo una palabra o una sílaba para recordar su significado o buscando la precisión en su articulación, es un recurso para evocar palabras, ordenar el pensamiento, tienen que ver con un momento donde el vocabulario se amplía de manera numerosa y se complejizan las reglas sintácticas.

Sin embargo, esta situación que se presenta en el 80% de los niños en edad de adquisición del lenguaje (2 a 4 años), se produce sin ningún tipo de toma de conciencia y sin ningún esfuerzo, no generando incomodidad en las emisiones.

Su remisión es espontánea y se manifiestan durante no más de 2 (dos) meses.

Teniendo en cuenta que el lenguaje no es perfecto y que la fluidez es una función inestable, en la mayoría de los casos, las Disfluencias típicas suelen ser imperceptibles hasta para el oyente de edad adulta.

Diagnósticos diferenciales

Dentro de las alteraciones en la Fluidez del habla, el desorden más frecuente que vamos a encontrar es la Tartamudez. El primer paso para el profesional es esclarecer y determinar el diagnóstico, no sólo para establecer los objetivos de tratamiento sino también para determinar si existe comorbilidad entre la tartamudez u otras de las alteraciones.

En cualquier caso, el diagnóstico se basa en la observación clínica y cuestionarios que revelen la historia familiar y la historia vital del paciente.

Generalmente, el diagnóstico de tartamudez no es un desafío para el profesional, cuando, quien consulta es una persona que lleva tartamudeando toda su vida; o cuando los padres consultan por su hijo, y teniendo también un familiar que presenta los mismos signos. Es allí donde se agudiza la tarea clínica del profesional confirmando el diagnóstico de tartamudez (Onslow, 2017) y fundamentalmente aclarando la naturaleza de este desorden.

Tartamudez

La tartamudez ocurre en todas partes del mundo, a través de culturas, religiones y grupos socioeconómicos. Es un problema funcional complejo que se denomina tartamudez o disfluencia. Es una alteración motora del habla (neurobiológica), completamente involuntaria, dinámica (varía de un momento a otro y es diferente en cada persona) y cíclica.

Algunos niños se vuelven tan adeptos a ocultar su problema, que pueden parecer fluidos, o simplemente pasan a ser tímidos o tranquilos.

No hay una única definición de tartamudez, hasta el día de hoy, los expertos en el tema no lograr llegar a un acuerdo debido a la variabilidad en cada uno de los casos en los que se presenta.

Idealmente, habría una definición simple y directa de tartamudez que fue aceptada por todos. Esa definición ideal contendría palabras para aclarar quién tiene y quién no tiene el trastorno. Desafortunadamente, aunque después de un vigoroso debate durante diez años que comenzó a principios de la década de 1980, la búsqueda de una definición de tartamudez viable y generalmente aceptada se detuvo sin resolución.

Sin embargo, lo que podemos decir actualmente es que la tartamudez se caracteriza por una discontinuidad y/o una duración aumentada de las paradas en el flujo de habla hacia adelante. Estas interrupciones generalmente toman la forma de (a) *repeticiones* de sonidos, sílabas o palabras, (b) *prolongaciones* de sonidos, o (c) *"bloqueos"* del flujo de aire o del sonido durante el habla (fonemas). Las personas que tartamudean generalmente reaccionan a sus repeticiones, prolongaciones o bloqueos tratando de forzar la salida de las palabras o usando sonidos adicionales, palabras o movimientos en sus esfuerzos para «despegarse» o para evitar trabarse.

Van Riper (1971, 1982) utiliza el término *"comportamientos primarios"*, para describir los comportamientos básicos del habla de la tartamudez: repeticiones, prolongaciones y bloqueos. Estos comportamientos son completamente involuntarios para las personas que tartamudean, como si estuvieran fuera de su control. Se diferencian de los *"comportamientos secundarios"* que una persona que tartamudea adquiere, debido a las reacciones aprendidas de los comportamientos básicos.

Aunque la cantidad y el tipo de tartamudez difieren para cada individuo, las siguientes características son más habituales: Repetición de palabras completas; repetición de sílabas individuales; repetición de sonidos (fonemas); prolongación de los sonidos; bloqueo de sonidos; tensión facial en los músculos alrededor de los ojos, nariz, labios o cuello. Pueden ocurrir movimientos adicionales del cuerpo a medida que el niño o la persona intenta "empujar" la palabra; y el patrón respiratorio interrumpido.

Una característica común de la tartamudez temprana es su aparente imprevisibilidad y variabilidad. La tartamudez de un niño puede variar de un día a otro y de una situación a otra, y está influenciado por una serie de factores diferentes, incluido el idioma del niño (Weiss y Zebrowski, 2000), el contexto en el que está hablando (Yaruss, 1997), el estilo de interacción de la persona con la que está hablando (Guitar et al, 1992: Guitar & Marchinkoski, 2001), así como también cómo se siente el niño en ese momento. Las fases de la tartamudez suelen estar interpuestas por períodos de fluidez, que pueden durar semanas y, a menudo, es difícil identificar las razones de estas fluctuaciones.

La mayoría de los momentos de tartamudez comienzan en la primera infancia, generalmente aparecen entre los 2 (dos) y 4 (cuatro) años de edad, coincidiendo con un período de rápida expansión de las habilidades del habla y el lenguaje (Yairi y Ambrose, 2005). El inicio de la tartamudez suele ser gradual, pero en los casos en que se notificó un inicio repentino, Yairi y Ambrose (1992a) encontraron que era más probable una tartamudez severa.

La tartamudez generalmente surge en un momento de rápido desarrollo del habla y el lenguaje, y numerosos estudios de investigación han intentado establecer una relación entre los dos. Algunos niños comienzan a tartamudear tan pronto como comienzan a vincular palabras. Sin embargo, puede aparecer hasta los 11 años, es lo menos frecuente, pero se consta de sujetos que comienzan a tartamudear entre los 6 y 11 años.

Etiología

Hasta el momento, nadie está seguro cuál es la causa de la tartamudez, es un problema muy antiguo, puede tener su origen en la forma en que nuestro cerebro evolucionó para producir el habla y el lenguaje. Su aparición repentina en algunos niños se desencadena cuando tratan de hablar utilizando sus destrezas de habla y de lenguaje recién emergentes.

El origen de la tartamudez sigue siendo un misterio, aunque en la actualidad hay pruebas sólidas de que la tartamudez en el 80% de los casos tiene una base *genética*. Los genes identificados que predisponen a tartamudear son: GNPTAB, GNPT6, AP4E1, Nagpa. Además de 14 cromosomas con potencial de generar tartamudez: 2, 3, 5, 7, 9, 10, 12, 13, 14, 15, 16, 18, 20 y 21.

Muchos factores diferentes, actuando individualmente o en combinación, pueden precipitar el inicio de la tartamudez en un niño que tiene la predisposición neurofisiológica, o una tendencia innata a la tartamudez.

Existe un amplio acuerdo de que la tartamudez se puede heredar (Bloodstein y Ratner, 2008; Yairi y Ambrose, 2005). En otras palabras, para muchas personas que tartamudean, uno o ambos de sus padres tenían cierta predisposición al tartamudeo que se transmite en sus genes.

El pensamiento actual puede deberse a una fuerte evidencia más reciente sobre la herencia de la tartamudez, pero probablemente también se deba al aumento de puntos de vista menos deterministas de la herencia. La investigación ha demostrado, para una serie de trastornos hereditarios, que los genes no funcionan solos. Ellos son vistos como el resultado de la herencia y el ambiente actuando junto con elementos de azar (Kidd, 1984). La interacción entre la herencia y el medio ambiente es algo que comúnmente encontramos en distintas alteraciones. Esto explicaría el momento de aparición, si pensamos en que una persona tiene la predisposición/base genética a desarrollar una determinada dificultad y surge alguna situación que la dispara, es justo el momento de aparición y en algunos casos, será el medio el que determine la persistencia de la misma.

Existe un consenso general entre los expertos de que muchos factores son influyentes tanto en el inicio como en el desarrollo de la tartamudez.

El modelo multifactorial (Michael Palin Center) intenta integrar la investigación actual y la experiencia clínica. Tienen una visión que predisponen fisiológica y lingüística (habla y del lenguaje) factores pueden ser importantes en la aparición de la tartamudez, y es la interacción de estos con los aspectos psicológicos y ambientales que contribuyen a la gravedad y la persistencia de la enfermedad, así como el impacto que tiene sobre un niño y su familia. Para cada niño habrá una combinación individual de factores que contribuyen a su vulnerabilidad a la tartamudez y al pronóstico probable.

Factores fisiológicos y lingüísticos (habla y lenguaje).

Hay pruebas sólidas de que la tartamudez es más frecuente en las familias donde existen antecedentes familiares (Howie, 1981; Kidd y otros, 1978; Kloth y otros, 1999), lo que sugiere una base genética para el trastorno. Actualmente, se descubrieron algunos genes que predisponen al trastorno y se continúan realizando estudios que tienen como objetivo identificar el gen o los genes específicos o los vínculos que determinan quién desarrollará el desorden y, en última instancia, descubrir por qué y cómo afectan la fluidez de un niño (Cox et al, 2000; Drayna, 1997; Yairi & Ambrose, 2005). A pesar de la evidencia emergente de un componente genético, la historia familiar por sí sola no determinará si alguien puede tartamudear (Farber, 1981; Starkweather, 2002). Starkweather (2002) argumenta que los genes solo aumentan la probabilidad de que ocurra un comportamiento; es el entorno o el contexto lo que influye en la "medida en que un rasgo de comportamiento encuentra expresión".

Factores neurológicos

Se han encontrado diferencias estructurales o funcionales, o ambas, en los cerebros de las personas que tartamudean en comparación con los sujetos de control fluidos (Foundas et al, 2001; Sommer et al, 2002; Watkins et al, 2007). Se identificaron diferencias estructurales en el opérculo rolándico izquierdo, el área relacionada con la integración sensoriomotora que es necesaria para el habla fluida (Sommer et al, 2002) y dentro del planum temporal, que afecta la comunicación entre las áreas importantes para la percepción auditiva y el control motor del discurso (Foundas et al, 2001). Aunque existe una variabilidad considerable entre los hallazgos de los estudios de imágenes, existe un consenso general de que los individuos que tartamudean muestran una activación excesiva en las estructuras del hemisferio derecho que corresponde a las activaciones del hemisferio izquierdo en las áreas del habla y el lenguaje en hablantes con fluidez (Braun et al, 1997; De Nil et al, 2000; Fox et al, 1996). Además, varios estudios han encontrado una falta de actividad en la corteza auditiva izquierda de individuos que tartamudean en comparación con los sujetos control fluidos (Braun y otros, 1997; Fox y otros, 2000; De Nil y otros, 2003; Neumann y otros , 2000).

Es obvio que sólo las diferencias estructurales o de conexión en el cerebro por sí mismas no son suficientes para que una persona tartamudee. Por ejemplo, si pensamos en las situaciones en las que la persona habla y no tartamudea (ciclicidad de la tartamudez, característica típica) y/o cuando la persona utiliza procedimientos facilitadores para el habla (técnicas para hablar fluido), y principalmente cuando los niños empiezan a hablar hasta el momento de aparición de la tartamudez.

Lo que nos remite a que además de las diferencias de estructura y funcionamiento cerebral, existe un factor adicional para que la persona comience a tartamudear.

Habilidades motoras del habla y lingüísticas

Algunos estudios han encontrado que los niños que tartamudean pueden tener reducidas las habilidades oromotoras (Kelly et al, 1995; Riley & Riley, 1980), tiempos de respuesta más lentos durante las tareas vocales y manuales (Bishop et al, 1991) y dificultad para estabilizar y controlar los movimientos laríngeos, incluso durante el habla perceptualmente fluida (Couture et al, 1986).

Hasta ahora, la investigación no ha podido identificar diferencias consistentes en las habilidades lingüísticas generales de los niños que tartamudean en comparación con los sujetos control fluidos (ver Bernstein Ratner 1997a; Nippold, 1990). Algunos estudios han sugerido que los niños que tartamudean tienen menos desarrolladas las habilidades de lenguaje en comparación con los niños que no tartamudean (Anderson y Conture, 2000; Byrd y Cooper, 1989; Ratner y Silverman, 2000; Ryan, 1992; Silverman y Ratner, 2002), aunque los niños que tartamudean todavía se encuentran dentro del rango normal. Esto ha llevado a sugerencias de que los niños que tartamudean no presentan diferencias significativas en la capacidad lingüística en el lenguaje o en el trastorno clínicamente significativo, pero sí sutiles, "subclínicas" (ver Ratner y Silverman, 2000; Silverman y Ratner, 2002). Otros estudios no informaron diferencias entre las habilidades lingüísticas de niños que tartamudean y los que no (Howell et al, 2003; Klothet al, 1995a, 1998, 1999) o sugieren que los niños que tartamudean pueden tener habilidades por encima del promedio en comparación con los que no (Rommel et al, 1999; Watkins et al, 1999).

Por otro lado, están surgiendo algunos datos que sugieren que es más probable que los niños que tartamudean muestran discrepancias o desajustes entre los dominios lingüísticos y entre ellos en comparación con los que no (Anderson y Conture, 2000, Anderson et al, 2005; Bernstein Ratner, 1997b). Anderson et al (2005) se refieren a estas discrepancias o desajustes como "disociaciones". Evaluaron el lenguaje expresivo y receptivo y las habilidades fonológicas de los niños que tartamudean y los sujetos con control fluido, y encontraron que los niños que tartamudean tienen tres veces más probabilidades de exhibir disociaciones en el dominio del habla y del lenguaje que sus compañeros con fluidez. Los autores (2005) concluyen que "es el intento del niño por reconciliar o manejar estas disociaciones en el habla y el lenguaje lo que contribuye a las interrupciones en su producción del habla y el lenguaje, que en combinación con una predisposición genética a la tartamudez, da como resultado la aparición de tartamudez persistente".

Género

La investigación indica que hay más niños que persisten en el tartamudeo que las niñas (Kloth et al, 1999; Yairi y Ambrose, 1999). Se informa que la proporción de niños a niñas es de 1: 1 cerca del inicio (Yairi, 1983) y para la edad de 10 años es de 5: 1 o 6: 1 (Bloodstein y Bernstein Ratner, 2007). En este año (2018) es 4: 1 (fuente: Stuttering Foundation).

Factores ambientales y psicológicos (ambiente comunicativo).

La investigación es muy clara: no existe evidencia de que los estilos de comunicación e interacción de los padres de niños que tartamudean y los niños que no, sean diferentes (Nippold y Rudzinski, 1995) o que tengan un papel en el inicio de la tartamudez (Kloth et al, 1995b). Sin embargo, algunos investigadores comparten que las vulnerabilidades subyacentes que predisponen a los niños a tartamudear, también hacen que sea más difícil para ellos dominar el contexto de las interacciones típicas con adultos (Felsenfeld, 1997; Miles y Berstein Ratner, 2001).

La relación entre emociones y tartamudez variará entre los individuos. Para algunos, la emoción puede ser un factor importante que desencadena el inicio de la tartamudez y dificulta la recuperación. Para otros, la emoción en dosis fuertes puede hacer que la tartamudez cambie, a veces empeorando y otras mejorando.

Sin embargo, la experiencia de la tartamudez a medida que van pasando los años genera emociones como la frustración, el miedo y la ira en las personas que tartamudean. En otras palabras, la excitación emocional puede aumentar la tartamudez momentáneamente, pero la tartamudez también puede *causar emociones negativas que aumenten la dificultad en determinadas situaciones.*

En conclusión, la tartamudez es el resultado de un factor genético común (ya sea un solo gen o varios), pero su persistencia y/o recuperación probablemente sean factores adicionales que impiden la recuperación.

Severidad de la Tartamudez:

La severidad de la Tartamudez no define el pronóstico del tratamiento. El poder medir la frecuencia de la tartamudez (cantidad) o definir cuáles son los síntomas (calidad), por ejemplo: repeticiones de sílaba, repeticiones de sonido, prolongaciones, etc. no serán relevantes a la hora de pensar en la posibilidad de revertirla, es decir de organizar o restablecer la función de la fluidez, siempre pensando en un niño que no haya estabilizado su lenguaje aún, es decir menor de 6 años aproximadamente.

Es importante entender que el cerebro aprende por repetición, mientras más tiempo de evolución tenga la tartamudez, más difícil será devolver la estabilidad en la función de la fluidez en el habla de ese niño. Por lo tanto, una tartamudez leve nunca es sinónimo de recuperación, como una tartamudez severa no nos indica persistencia.

Tartamudez neurológica: Es una alteración de la fluidez que no se produce durante el desarrollo del lenguaje. Se manifiesta después de un daño neurológico, por ejemplo, un traumatismo de cráneo, un accidente cerebro vascular o una enfermedad neurodegenerativa.

Puede presentarse por el consumo de algún medicamento que afecte a la fluidez del habla.

Una de las principales diferencias con la Tartamudez, además del momento de aparición, es que ocurre en cualquier parte de la palabra y la tartamudez es más frecuente al inicio de la palabra.

Tartamudez psicógena: Alteración de la fluidez que se genera a partir de un problema psicológico o psiquiátrico o por una emoción traumática.

Las personas afectadas raramente muestran incomodidad o disconformidad con su manera de hablar. Generalmente no acompañan comportamientos secundarios, los casos inician de manera abrupta en personas que nunca antes habían tartamudeado.

En ambos casos el tratamiento es farmacológico, estando en manos de un médico neurólogo o psiquiatra.

Taquilalia: Alteración de la fluidez que se manifiesta por una excesiva velocidad en el habla, lo que puede desencadenar en poca inteligibilidad del discurso. No hay alteraciones en el lenguaje. Quien lo padece no toma conciencia de la dificultad, puede presentarse aislado o acompañar a la Tartamudez.

Cluttering: Es muy posible que confundamos este raro desorden con la tartamudez. Las personas que presentan Cluttering tienen una articulación y velocidad muy rápida e irregular, interrupciones en su fluidez diferentes a la tartamudez y mucha dificultad en la inteligibilidad del mensaje para quien escucha. Hablan de manera precipitada, desorganizada y confusa, lo que revela una dificultad en la organización del pensamiento. Su diagnóstico es posible a partir de los 10 años de edad (Touzet).
Existe comorbilidad con la Tartamudez.
En los casos aislados, la persona que lo padece no lo ve como una dificultad, no se inhibe al hablar, las situaciones comunicativas no le generan emociones negativas.
Su etiología es genética. Es importante tenerlo en cuenta, ya que en algunos casos se presentan estos casos como antecedentes de la Tartamudez.

Intervención fonoaudiológica en Tartamudez

La intervención en Tartamudez es una competencia meramente fonoaudiológica. El terapeuta que decide abordar pacientes que presentan esta dificultad, debe formarse en el área para contar con las herramientas suficientes que cada persona necesita. Con esto no sólo podemos pensar en ordenar el control motor del habla, también incluimos el trabajo de sentimientos, pensamientos y acciones en situaciones del habla.

Fonoaudiología y Práctica Basada en la Evidencia (PBE)

El uso de la PBE es lo que nos da una base sólida cuando tenemos que decidir qué tipo de terapia vamos a elegir para cada paciente. Se basa en un marco de métodos originados en la medicina clínica que se pueden aplicar para la investigación y la práctica clínica. Su función es favorecer la toma de la mejor decisión sobre lo que necesita cada persona, integrando los dos puntos que proporcionarán el mejor resultado: experiencia clínica individual e investigación sistemática de los casos. Así como las preferencias y valores de los clientes.

La PBE intenta aumentar la calidad de la evidencia disponible para respaldar la toma de decisiones clínicas en trastornos de la comunicación, y para la credibilidad del campo en general. Se basa en estudios científicos que proporcionan una base más sólida para la toma de decisiones clínicas que las opiniones o creencias de las autoridades expertas. Exige estudios rigurosos y sistemáticos diseñados para responder preguntas sobre la toma de decisiones clínicas en un momento dado, junto con un reconocimiento explícito de que estas respuestas deberán actualizarse de forma rutinaria y frecuente a medida que haya nuevas pruebas disponibles. Es realmente importante que la evidencia sea precisa, no puede simplemente informar que es improbable que haya ocurrido una diferencia por casualidad.

¿Por qué intervenir tempranamente?
Principalmente por la posibilidad que nos brinda la neuroplasticidad de restablecer funciones, teniendo en cuenta la diferencia que haría en la calidad de vida de una persona continuar o no con el desorden. El niño descubre tempranamente (3 años de edad), en la mayoría de los casos desde el comienzo, que habla con incomodidad, que sus palabras salen empujadas, que realiza mucho esfuerzo cada momento en el que intenta contar algo y sufre por ello. A los 5 años, los niños que lo escuchan reconocen que tiene una manera "diferente" de hablar. Cuando esto perdura comienza a evitar situaciones de exposición social, o busca decir otras palabras, no logrando dar el mensaje que quería, generando una imagen negativa de sí mismo frente a las situaciones comunicativas.
El abordaje a tiempo nos brinda la posibilidad de reorganizar la función de la fluidez y que la tartamudez no perdure a lo largo de toda la vida.

Evaluación de la Tartamudez

Se realiza una entrevista con los padres para establecer la causa de la tartamudez, mencionando la presencia de algún familiar que también lo padezca o teniendo en cuenta antecedentes perinatales (20% de los casos). Es fundamental aclarar desde el primer encuentro que no existe ningún factor psicológico que causa este desorden.

Escalas de severidad de la Tartamudez

Los momentos de tartamudez (sintomatología) se evalúan en lenguaje espontáneo, por medio del relato de un acontecimiento, un historia, un monólogo, un diálogo, ya que es el momento en el que ocurren. No siendo tan visible en frases dichas de memoria o desapareciendo en otras funciones como el canto.

Se puede medir la tartamudez por medio de una escala de severidad (Onslow), la cual no sólo brinda la severidad de la tartamudez (cantidad y calidad), sino también el impacto que ésta tiene en la vida de ese niño o en sus padres.

Esto ayuda para establecer un lenguaje común entre el terapeuta y el paciente o sus padres, logrando establecer un puntaje diario, tanto dentro como fuera del ámbito de la clínica. También es esencial para revisar frecuentemente si el tratamiento está o no dando resultado.

Porcentaje de sílabas tartamudeadas

La medida de porcentaje de sílabas tartamudeadas es la manera de establecer frecuencia y cantidad de la tartamudez. Se miden las sílabas habladas, dependiendo de la edad del paciente y la complejidad de su nivel de lenguaje. Se puede tomar una muestra de 10 minutos diarios que representarán la severidad de la tartamudez durante todo el día.

Es menos frecuente tomar el porcentaje de las palabras tartamudeadas, en vez de las sílabas.

Sin embargo, ambas son medidas de proporción que intentamos generalizar.

Evaluación de sentimientos, pensamientos y actitudes en relación al habla:

El abordaje cognitivo de la Tartamudez es fundamental en los casos crónicos. Durante los años que la persona lleva tartamudeando, va creando una serie de emociones negativas acerca de su imagen al hablar que lo condicionan en cada situación comunicativa. Lo que lo predispone a crear pensamientos negativos de cómo será receptado por quien escucha y consecuentemente, evita determinadas situaciones o busca alternativas, como dejar de hablar, sustituir palabras, generar movimientos asociados, tratando de esconder o disimular su trastorno.

Esto no se puede simplificar al cambio de una palabra por otra, las personas que tartamudean sufren constantemente por no poder controlar su fluidez, lo que los lleva a dejar de asistir a actividades sociales, cambios de colegio, abandono de carreras universitarias, y diariamente en situaciones cotidianas dejan de transmitir ideas, sentimientos, deseos, ya que prefieren no exponerse.

En algunos casos, el miedo a la burla genera que pasen a ser inadvertidos, aparentando ser personas tímidas.

El trabajo de la aceptación de la dificultad, entendiendo cómo se produce este mecanismo en el habla, ocupa una gran parte en un abordaje integral de la tartamudez.

Generar un espacio de comunicación para que el paciente pueda abrirse y se logre establecer el impacto que tiene la dificultad en su vida.

Existen grupos de ayuda mutua, que los generan las mismas personas que tartamudean, los cuales siguen el objetivo de acompañarse en la dificultad y generar un espacio de contención.

Elección del tratamiento

El avance en la investigación, el seguimiento de los casos clínicos y la experiencia de los expertos nos brindan opciones de tratamiento que nos llevan a un abordaje responsable en el tema. Sin embargo, no existe una "receta" que nos provea el paso a paso de un tratamiento. Cada caso en particular sumado a los conocimientos del profesional y las necesidades del paciente, serán la integración para determinar una decisión clínica.

En los trastornos de la comunicación, si bien se fundamentan en la base científica, es muy importante tener en cuenta la situación de cada persona. Para ello el profesional debe generar empatía y soporte emocional con su paciente, tener la habilidad de escuchar y el convencimiento clínico de que la intervención que le provee será la más beneficiosa para el paciente.

Los diferentes enfoques se dividen en dos corrientes, son alternativas diferentes que de acuerdo a las necesidades del paciente o su familia, conviene determinar cuál se elegirá. No se estila la combinación de las terapias. Las tres presentadas son prácticas con evidencia científica.

Los tratamientos que se basan en el modelo multifactorial en niños son dos: Modelo de Demandas y Capacidades (Restart-DCM Treatment: Rotterdam Evaluation Study of Stuttering Therapy- Demands and Capacities Model, The Netherlands) y Palin PCI (Palin parent-child interaction therapy, London, UK).

Ambos son enfoques europeos, desarrollados y llevados a cabo actualmente.

DCM: Es un modelo de tratamiento basado en las demandas y capacidades (Starkweather, 1979; Peters, 1998), el cual fundamenta que la predisposición a tartamudear (genética) y las demandas en exceso o aumento impuestas por el medio (interacción padre/hijo), condicionan la habilidad del niño para sostener su fluidez. Debido a esto, apunta principalmente a modificar el estilo comunicativo familiar, a veces, los padres solo reciben indicaciones, por ejemplo, cómo hablar con su hijo más lentamente y utilizando oraciones cortas; la manera de hacerle preguntas al niño. En otros casos, el fonoaudiólogo además de sugerir cambios, puede entrenar a los padres para modificar las demandas comunicativas. El objetivo puede estar solo en reducir la demanda y las expectativas, sin embargo, en otros casos también se trabaja para aumentar las capacidades del niño.

El enfoque Restart-DCM Treatment desarrolló un manual, describiendo los pasos del tratamiento, basándose en los principios de DCM.

Palin PCI (Palin parent-child interaction therapy, London, UK): Es un enfoque que integra los distintos aspectos de la tartamudez, predisposición genética, fisiológica, lingüística, desarrollo y crecimiento del niño, teniendo en cuenta la interacción con el medio ambiente, contemplando que la combinación única de todas las variables predispone al comienzo y desarrollo de la tartamudez.

Apunta principalmente a las habilidades que tiene el niño, apoyándose en ellas para facilitar el desarrollo de su fluidez, y las situaciones que favorecen a la fluidez.

Lidcombe Program: es un programa de tratamiento creado por Mark Onslow en Australian Stuttering Research Centre.

LP es un tratamiento conductual que busca como principal objetivo que el niño deje de tartamudear, sin realizar ninguna modificación en el estilo comunicativo familiar.

El terapeuta entrena a los padres, eligiendo a uno de ellos para que sea el responsable de dirigir los momentos en que será llevado a cabo.

Sin embargo, a pesar de ser una terapia bastante simple, es importante realizar las adaptaciones necesarias para que funcione con cada paciente, y asegurarse que los padres lo están realizando de manera adecuada, cuestión fundamental para obtener un resultado exitoso.

Tratamiento en Escolares y Adolescentes y Adultos

Una vez que la tartamudez se torna crónica, debido al paso del tiempo de aparición, la edad del paciente, con un lenguaje ya estabilizado, los objetivos de tratamiento deben ser re-direccionados a aumentar la comodidad al hablar en los momentos de tartamudez. Principalmente, se debe realizar un abordaje que integre los procesos motores facilitadores de la fluidez y el trabajo de la aceptación, que será dado por una intervención adecuada del fonoaudiólogo con preparación en enfoques cognitivos que favorezcan los momentos de comunicación. Dichas situaciones se vinculan únicamente con el habla, es decir, pensamientos, sentimientos y acciones en relación a la Tartamudez y su manifestación involuntaria y cíclica.

Algunos autores han realizado escalas de puntuación (Onslow), encuestas que miden el impacto de la tartamudez en la vida de la persona, basándose en sus propias experiencias (Yaruss), o terapias cognitivas breves que apuntan a la solución del problema (ver PCI approach).

Una propuesta muy interesante que favorece la aceptación y la comprensión de la dificultad son los grupos de ayuda mutua (GAM). No es simple para una persona que padece este trastorno, desde que recuerda que comenzó a hablar, lidiar diariamente en situaciones comunicativas, desde las más simples hasta las más complejas.

Esto le brindará la posibilidad de entender y "amigarse" con su Tartamudez.

En cuanto al control motor del habla, hay dos orientaciones que serán decididas de acuerdo a la elección y tipo de tartamudez del paciente.

La primera, Fluency Shaping apunta a aumentar la fluidez y anticipar los momentos de tartamudez. Son técnicas que requieren de entrenamiento y tienen durabilidad limitada. Se utilizan los cambios de velocidad, uso de pausas, vocalización continua, inicios suaves, prolongación de los sonidos, propiocepción.

La segunda, intenta modificar los momentos de tartamudez. Integra la de sensibilización y la resolución en el momento en que la persona se está trabando, por medio de procedimientos facilitadores para el habla.

Conclusiones:

El desorden más frecuente de la Fluidez del habla es la Tartamudez, que es una alteración de incumbencia fonoaudiológica, ya que interfiere en la comunicación, afectando el control motor del habla. Presenta una base genética en el 80% de los casos y el 20% restante tiene antecedentes perinatales.

Su manifestación será diferente en cada persona, aun en miembros de una misma familia.

Ninguna persona que tartamudea comienza a hacerlo por una causa emocional, no hay evidencia científica que lo demuestre. La causa nunca es emocional.

Las recientes investigaciones de neuro-imágenes demuestran las dificultades de conectividad y de estructura en los cerebros de las personas que tartamudean, en las áreas sensorio-motora y de planificación del habla en el hemisferio izquierdo, comparado con personas que no tartamudean.

Los cerebros de las personas que tartamudean parecen menos eficientes para brindar todos los elementos simultáneamente del lenguaje oral (palabras, oraciones) justo a tiempo y con una velocidad adecuada o rápida.

La intervención temprana y adecuada logra restablecer la función de la fluidez entre un 80 y 90% de los casos, evitando la cronicidad de la tartamudez. Sin embargo, si no llegara a lograrse el resultado esperado, o la consulta no es realizada a tiempo, existen tratamientos específicos para todas las edades. Los cuales requieren de formación constante y responsable por parte del terapeuta.

El profesional que se dedique a trabajar con este desorden debe desarrollar principalmente la habilidad de escuchar y limitar su propia producción de lenguaje.

No puedo entender.. cómo puede crecer un niño al que le dicen "respira", "cálmate", "pensá"... cómo afectan estas palabras a su integridad"

Gonzalo Leal

Referencias Bibliográficas:

GUITAR, B. (2014) Stuttering. An integrated approach to its nature and treatment. 4ª Edition. Lippincott Williams & Wilkins, EE.UU.

ONSLOW, M. Stuttering and its treatment. Eleven Lectures. (Noviembre de 2018) https://www.uts.edu.au/research-and-teaching/our-research/australian-stuttering-research-centre/asrc-resources/resources

KELMAN, E & NICHOLAS A. (2013) Practical Intervention for Early Childhood Stammering. Palin PCI approach. Speachmark , UK.

DOLLAGHAN, CH. A., (2004). Evidence-based practice in communication disorders: what do we know, and when do we know it? Journal of Communication Disorders, 37, 5, 391-400

LANGEVIN, M., & KULLY, D. (2003). Evidence-based treatment of stuttering: III. Evidence-based practice in a clinical setting. Journal of Fluency Disorders, 28, 3, 219-236.

FRANKEN, M.C. & PUTKER, D. (2012). Restart-DCM Werkwijze. Behandelprotocol ontwikkeld in het kader van het ZonMW project Cost-effectiveness of the Demands and Capacities Model based treatment compared to the Lidcombe programme of early stuttering intervention: Randomised trial. http://www.restartdcm.nl

CAPÍTULO VI

Trastorno del aprendizaje. Dislexia

Lic. María Eugenia Sfaello

En este capítulo haremos referencia a los trastornos de aprendizaje que son secundarios a los trastornos del lenguaje. Para ello haremos una revisión de los mecanismos que implican la adquisición de procesos en la lectura y la escritura.

La Lectura:

La lectura es una habilidad compleja que implica procesos diversos: Perceptivos, Fonológicos, Lexicales, Sintácticos y Semánticos, cuya finalidad última es la comprensión de un texto escrito.

Modelo explicativo de la Lectura:
El Proceso de la Lectura posee dos grandes componentes que son: "el Reconocimiento de las Palabras" donde intervienen procesos perceptivos, fonológicos y léxicos; y "la Comprensión Lectora" que se lleva a cabo mediante procesos sintácticos y procesos semánticos.

PROCESOS FONOLÓGICOS

RECONOCIMIENTO
PALABRA

PROCESOS LEXICALES

LECTURA

PROCESOS SINTÁCTICOS

COMPRENSIÓN LECTORA

PROCESOS SEMÁNTICOS

1) <u>Reconocimiento de la palabra</u>: La lectura comienza por el "reconocimiento de las palabras escritas. En este reconocimiento intervienen:

-Procesos Perceptivos que son fenómenos asociados al análisis perceptivo de las señales visuales a través de movimientos sacádicos y puntos de fijación. Con esto vemos lo que debemos leer y extraemos información de la forma de las letras.

-Vía fonológica, subléxica o indirecta donde se da la conversión de las palabras en sonido mediante las reglas de correspondencia grafema-fonema (RCGF).

Este procedimiento es necesario para la lectura de palabras desconocidas y pseudopalabras, que son aquellas de las que no se tiene representación en el léxico mental, como por ejemplo "warrington", "cefucalo", "lesimano", por ejemplo.

-Un procedimiento o vía lexical, directa o visual mediante el cual se logra el reconocimiento global e inmediato de las palabras que han sido procesadas con anterioridad y almacenadas en el léxico mental del lector. Este proceso es necesario para la lectura de palabras irregulares, que son aquellas palabras raras en la ortografía del español y los extranjerismos, por ejemplo "Guerra" "quena" "New york".

Cabe destacar que, además, hay otros factores importantes que influyen sobre el reconocimiento de palabras, que son:
- "la frecuencia de aparición o uso de las palabras",
- la "longitud de la palabra" (es más fácil leer palabras bisílabas que de muchas sílabas: Ejemplo: "Puma" - "espumadera"),
- "la estructura silábica" (es más fácil leer sílabas directas CA-MA y sílabas simples, que leer sílabas inversas AC-AM y complejas o sinfones.

En resumen: la vía fonológica permite el aprendizaje eficaz de numerosas <u>palabras nuevas </u>que vienen progresivamente a enriquecer el léxico mental (vocabulario). Una vez "estabilizados" dentro del léxico, las palabras pueden ser luego reconocidas globalmente por la vía léxico-semántica, que es la que permite una lectura rápida.

2) <u>La lectura de palabras aisladas</u> (decodificación) es lo que da especificidad a la actividad lectora, pero proporciona escasa información. Pasamos ahora al segundo proceso implicado en la lectura: *la comprensión lectora.*
La finalidad última de la lectura es la comprensión de un mensaje escrito, mensaje que al fin y al cabo es lenguaje. Por ello debemos saber que para poder comprender lo que se lee, se requieren conocimientos lingüísticos de tipo: léxico, morfosintáctico, semántico y pragmático.

La Comprensión Lectora:
— Es la que nos permite alcanzar una representación coherente e integrada del contenido de un texto.
— Es un proceso muy complejo producto de transacciones entre el lector y el texto.
— Es un "proceso simultáneo de extracción y construcción del significado a través de la interacción e implicación con el lenguaje escrito".
— Implica "un conjunto de subhabilidades u operaciones cognitivas" donde el lector atraviesa una serie de procesos y fases que se producen mediante un procesamiento en paralelo.

121

Para lograr *la comprensión lectora*, se llevan a cabo procesos sintácticos y procesos semánticos.

Procesos Sintácticos: Las palabras aisladas no transmiten ninguna información nueva, es la relación entre ellas donde se encuentra el mensaje. De esta manera, una vez que han sido reconocidas las palabras en una oración, el lector tiene que determinar cómo están relacionadas las palabras entre sí para comprender el mensaje. Los procesos sintácticos nos permiten identificar las distintas partes de la oración y el valor relativo de dichas partes para poder acceder eficazmente a su significado.

Son 2 los procesos sintácticos que intervienen en la comprensión lectora:
1. La comprensión de las distintas estructuras gramaticales (distintas clases de oraciones).
Ejemplo:

- EL PERRO ATACÓ AL GATO – es sencilla para los alumnos --- estructura habitual en el lenguaje S – V- C
- A QUIEN ATACÓ EL PERRO FUE AL GATO -- oración de mayor complejidad ya que tiene más palabras funcionales y más verbos. Esto suele causar dificultades para comprender la oración.

2. El respeto por los signos de puntuación: mientras que en el lenguaje hablado los límites de las frases y oraciones vienen determinados por las pausas y la entonación, en el lenguaje escrito son "los signos de puntuación" quienes indican los límites y originan cambios semánticos.

Ejemplo:
-No. ¡Quiero irme de aquí! Significa que digo que no y grito que quiero irme de aquí.
-No quiero irme de aquí. Significa que no quiero irme de aquí.

Las palabras de las dos frases son exactamente las mismas, pero los signos de puntuación provocan cambios en su significado.

Procesos Semánticos: se refiere directamente a la comprensión de textos, entendido como un proceso complejo producto de un conjunto de subhabilidades donde el lector debe:

    a. Desentrañar las ideas contenidas en las frases y párrafos (MICROESTRUCTURA DEL TEXTO)
    b. Identificar ideas principales (MACROESTRUCTURA)
    c. Elaborar inferencias.

Desentrañar las ideas contenidas en las frases y párrafos: surge como consecuencia de la acumulación de información que van aportando las oraciones. Para comprender es necesario a medida que se lee el texto, organizar las ideas que expresa el texto (la microestructura). Debemos analizar sintácticamente los enunciados que constituyen el texto y extraer su significado en forma de proposiciones para formar la microestructura.

Identificar las ideas principales: La persona debe identificar las oraciones que aportan información relevante para la comprensión global del texto. A esto se denomina "ideas principales".

Elaborar inferencias: a través de la nueva información que el lector va adquiriendo, se va creando una estructura mental que le permitirá ir más allá de lo explícito del texto.

Construye representaciones mentales coherentes acerca de lo expresado en los textos y también de la intención informativa del autor.

Establece un vínculo entre la información que ya posee (conocimientos previos) y la nueva información que ha comprendido. Se activan los listados de términos asociados a cada palabra que van a permitir, a su vez, la activación de conocimientos organizados en memoria a largo plazo que nos aportan la información necesaria para rellenar los huecos que deja el escritor.

A partir de éstos conocimientos se construyen las inferencias (proposiciones no explicitadas en el texto). Es el lector el que debe construir éstas ideas o inferencias.

Para depurar y abstraer la Microestructura, (conjunto de proposiciones derivadas directamente del texto de superficie), hasta llegar a la Macroestructura (significado global de un texto) se emplean 3 macrorreglas:

1. La supresión de la información no relevante
2. La generalización o búsqueda de una oración o expresión del texto que contenga la información de otras oraciones.
3. La integración o construcción de proposiciones nuevas por parte del lector que incluya la información de partes del texto.

VARIABLES VINCULADAS A LA COMPRENSIÓN LECTORA	
Variables relacionadas con la comprensión lectora	Variables moduladoras de la comprensión lectora
Velocidad y eficiencia de la decodificación de palabras y acceso al léxico.	Experiencia lectora
Desarrollo del vocabulario	Motivación para la lectura
Comprensión de la estructura del texto	
Identificación de las ideas principales	
Sensibilidad a la estructura jerárquica	
Comprensión de la estructura lógica del texto	
Elaboración de inferencias (inferencias y conocimientos previos)	
Autoevaluación y guiado de la comprensión	
Morfología	
Sintaxis	
Prosodia	

Aspectos a tener en cuenta para trabajar la comprensión lectora:

Evaluar y activar los conocimientos previos del sujeto dado que éstos influyen en el recuerdo posterior de un texto.

- Proporcionar un título alusivo al contenido del texto previamente a su lectura para activar el conocimiento previo.

- Provocar asociaciones libres con las palabras clave del texto que se va a leer.
- Enunciar el tema y provocar un diálogo, haciendo preguntas, discutir el tema.
- Trabajar el vocabulario esencial del texto.
- Plantear preguntas y fomentar las autopreguntas haciendo que el niño formule hipótesis del contenido del texto que va a leer, a partir de un título o los encabezamientos.
- Proporcionar un organizador previo, realizar una red o mapa conceptual.

Enseñar las estrategias de comprensión de manera explícita

Multiplicar las oportunidades de practicar las estrategias

Desarrollo de la lectura:

El aprendizaje de la lectura es un proceso complejo que requiere gran número de habilidades cognitivas, entre ellas una esencial: La conciencia Fonológica

¿Qué es la conciencia Fonológica?

Bravo (2006:53) define a la conciencia fonológica como "la toma de conciencia de los componentes fonéticos del lenguaje oral y el dominio de diversos procesos que los niños pueden efectuar conscientemente sobre el lenguaje oral".

A su vez, Villalón (2008:88) postula que "la conciencia fonológica es una capacidad metalingüística o de reflexión sobre el lenguaje que se desarrolla progresivamente durante los primeros años de vida, desde la toma de conciencia de las unidades más grandes y concretas del habla, las palabras y sílabas, hasta las más pequeñas y abstractas, que corresponden a los fonemas."

En un sentido amplio, abarcaría las habilidades de identificar y manipular de forma deliberada las palabras que componen las frases u oraciones (conciencia lexical), las sílabas que componen las palabras (conciencia silábica), hasta llegar a la manipulación de las unidades más pequeñas del habla, los fonemas (conciencia fonémica).

En términos de la complejidad lingüística, el desarrollo de la conciencia fonológica implica una toma de conciencia de unidades de sonido inicialmente más grandes y concretas hasta unidades cada vez más pequeñas y abstractas.

En relación a las operaciones cognitivas, el desarrollo se caracteriza por un avance desde operaciones simples, como distinguir sonidos diferentes hasta omitir o agregar unidades fonológicas y en grado creciente de complejidad." En consecuencia, la conciencia fonológica se adquiere paulatinamente, en primer lugar aparece la capacidad para manipular las palabras, luego las sílabas y, por último, los fonemas.

Etapas en el desarrollo de la lectura (Frith1986, Seymour 1990)

- Logográfica
- Alfabética
- Ortográfica

Etapa Logográfica:

El niño comienza a integrar el procesamiento perceptivo visual con el significado verbal, sin llegar aún a una decodificación propiamente dicha, es decir que el niño realiza el reconocimiento visual de algunos rasgos gráficos que conducen a un significado verbal en las palabras escritas. Esto permite al niño presumir la palabra total a partir de algunos elementos gráficos más simples y de fácil reconocimiento visual. Ejemplo de los LOGOTIPOS de un producto o marca comercial.

Etapa alfabética:

Es un proceso mucho más complejo en el que el niño debe:
En primer lugar, tomar conciencia de que el lenguaje oral se divide en partes más pequeñas (sílabas y fonemas).
En segundo término aprender las reglas de correspondencia fonema-grafema (RCGF): es decir memorizar la asociación de unos signos abstractos a unos sonidos con los que no tienen ninguna relación,

ya que no hay nada en el signo gráfico que indique cómo debe pronunciarse.

Los inicios de esta etapa se caracterizan por la producción de numerosos errores de sustituciones de unos fonemas por otros, especialmente en aquellos grafemas que comparten muchos rasgos tanto visuales como acústicos ("b" y "d", "p" y "q", "m" y "n").

Y en tercer lugar, asociar o ensamblar los distintos sonidos que va obteniendo del descifrado y formar las palabras.

Etapa Ortográfica:

En esta etapa se da el reconocimiento morfémico, que toma en cuenta el ordenamiento de las letras, y no sólo el sonido aislado de ellas.(Frith, 1986).

A medida que el niño aplica correctamente las reglas de conversión grafema-fonema se va encontrando con una serie de palabras que se repiten constantemente (las más frecuentes). El niño construye "unidades de reconocimiento" (memoriza la representación interna de una palabra) que permite que las partes fonémicas sean reconocidas al instante, es decir que pueda leerlas directamente sin tener que transformar cada letra en sonidos.

También en esta etapa el niño empieza a tomar conciencia de los signos ortográficos que influyen en el significado de la palabra. Dos palabras pueden pronunciarse igual pero presentar diferencias ortográficas que conducen a un significado diferente, como sucede entre las palabras Asia – hacia.

Al momento de la enseñanza de la lectura, es muy importante tener muy en cuenta que el *procedimiento subléxico o fonológico* es el pilar básico de la lectura. Su aplicación fluida implica el conocimiento de las RCGF y conlleva un alto nivel de conciencia fonémica. Mediante este procedimiento fonológico, los niños adquieren un mecanismo de "autoaprendizaje" que les permite incrementar de manera autónoma y rápida el número de palabras reconocibles por la vía léxica. En los lectores expertos, "reconocer una palabra" implica emparejar el resultado del análisis perceptivo de la señal visual con la información almacenada en la memoria (léxico interno). Los buenos lectores realizan este proceso de forma automática e inconsciente.

Los niños evolucionan simultáneamente en el dominio del código y en la velocidad, pasando en un período corto de tiempo de un reconocimiento inicial de las palabras en forma silabeante con muchas vacilaciones, a la manera experta es decir con una decodificación rápida y automática.

Reflexión importante:

-Nuestro cerebro es lingüístico: _El Lenguaje es una habilidad innata que se desarrolla por imitación._

-Nuestro cerebro se hace lector: _La lectura no es una aptitud innata, sino que debe ser enseñada._

Para aprender a leer, el niño debe dominar cinco elementos claves:

1-comprender-reconocer que las palabras están constituidas por distintos sonidos: los fonemas (La conciencia fonémica).

2-Saber asociar letras a sonidos (aprendizaje de las reglas de correspondencia Grafema-fonema)

3- Tener un vocabulario visual en su almacén de léxico visual lo cual le permitirá leer rápidamente.

4- Contar con un vocabulario rico que le permita comprender el significado general de las palabras que lee.

5- La comprensión de lo que lee (Desarrollar habilidades de comprensión lectora).

Las habilidades de conciencia fonológica predicen las habilidades de decodificación

Las habilidades de conciencia sintáctica predicen las habilidades de comprensión lectora

La Escritura:

Tal como explicamos con la Lectura, la Escritura es también una habilidad compleja cuya verdadera función es _comunicar un mensaje escrito._

Modelo explicativo de la Escritura: se habla de dos procesos o componentes de la producción del mensaje escrito:

- CODIFICACIÓN DE LAS PALABRAS: procesos de producción de palabras mediante el uso de signos escritos.
- COMPOSICIÓN ESCRITA: procesos de producción de un texto con intención comunicativa

Estos dos procesos tienen sus correlatos en los procesos de decodificación y comprensión en la lectura

PROCESOS FONOLÓGICOS- Ruta fonológica o indirecta

CODIFICACIÓN DE

PALABRAS

PROCESOS LEXICALES – Ruta visual, directa, ortográfica

ESCRITURA

PROCESOS SINTÁCTICOS

COMPOSICIÓN DE

TEXTOS

PROCESOS SEMÁNTICOS

1. *Codificación de la Escritura:*

La vía Fonológica utiliza las reglas de correspondencia fonema-grafema (RCFG) para obtener la palabra escrita, una vez extraídas las unidades fonemáticas.

-Exige analizar las palabras orales en las "unidades" que las componen: capacidad para segmentar las palabras en sus fonemas y establecer la conexión con sus grafemas correspondientes. n/e/n/e
Es insuficiente sobre todo para palabras irregulares, homófonas (ha-

cia-Asia) y de las que contienen fonemas que se pueden representar por más de un grafema (caballo, cavallo, cabayo, kaballo, kavayo)

En lenguas trasparentes es prácticamente suficiente para asegurar la producción correcta de casi todas las palabras y pseudopalabras.

La vía Ortográfica: recurre a un almacén, el léxico ortográfico, donde estarían almacenadas las representaciones ortográficas de las palabras que hayan sido procesadas con anterioridad.

Necesaria para escribir palabras que contienen sonidos que se pueden representar por más de un grafema (caso caballo), palabras homófonas (hola y ola), palabras irregulares o excepcionales (en inglés como zig-zag)

MECANISMOS DE LA CODIFICACIÓN DE PALABRAS

PALABRA
Significado de lo que se quiere expresar, se elige la palabra que representa ese concepto-(excepto si es dictado)

Vía fonológica Conversión de los fonemas en grafemas (RCFG)	Vía léxical u ortográfica Recurre al almacén léxico ortográfico donde están almacenadas las palabras que ya han sido procesadas antes

Nene: n/e/n/e	Kabalo: cavallo, cabayo, cavayo, kaballo, kavallo, kabayo, Kaballo, Caballo

Etapas en el desarrollo de la Escritura (Frith1986, Seymour 1990)
- Logográfica
- Alfabética
- Ortográfica

Etapa logográfica:

La escritura aparece como dibujos y los niños no consideran los signos gráficos como símbolos de los sonidos. Los niños toman conciencia de algunas de las convenciones del lenguaje escrito. Reconocen y escriben unas pocas palabras de modo global. (Escritura de nombre o de objetos del entorno cotidiano).

Etapa alfabética:

Corresponde al aprendizaje de la asociación de los fonemas con sus grafemas. Los niños comienzan a aplicar las RCFG (reglas de correspondencia fonema-grafema) de manera sistemática, pero en el proceso cometen muchos errores de sustitución de un grafema por otro.

El conocimiento Fonológico o capacidad de analizar y manipular las unidades que componen el lenguaje, juega un papel para la instauración de la ruta fonológica- que es clave para lograr el dominio de la escritura.

Etapa ortográfica:

En ésta fase los niños escriben muchas palabras sin necesidad de aplicar las RCFG porque ya se han ido formando y almacenando sus patrones ortográficos. Esto les permite escribir correctamente palabras de ortografía irregular, las poligráficas y los alófonos. La aplicación de las RCFG se han consolidado y automatizado

El niño que está aprendiendo a *Escribir* debe:
Conocer las propiedades gráficas de los distintos caracteres:
 - algunos requieren discriminaciones visuales finas por su gran similitud: letras b-p-d-q
 - recordar los patrones motores de todos ellos
 - tener una buena coordinación grafomotora

Conocer el nivel de relación entre lenguaje oral y escrito: respecto a las unidades que están representadas (fonemas, sílabas o palabras), ya que escribir implica analizar esas unidades en el lenguaje oral para poder traducirlas mediante sus correspondientes signos gráficos. Para poder realizar esto de manera efectiva debe haber desarrollado la conciencia fonológica.

Para un desarrollo adecuado de la ortografía es necesario la presencia de determinados procesos o prerrequisitos:
 - Adecuada percepción del lenguaje, puesto que la captación en la pronunciación de letras, sílabas y palabras tienen un papel importante: la discriminación auditiva, la codificación fonética, la percepción temporal y de secuencias, así como la percepción cinestésica articulatoria.

– Un gran número de vocablos se escriben de forma arbitraria debido en gran parte a un aprendizaje tradicional, por lo cual, su correcto uso requiere procesos de identificación y retención de formas, es decir, funciones perceptivos-visuales y cinestésicas.

– El origen de las voces exige la puesta en marcha de un gran número de reglas ortográficas, por lo cual, es necesario desarrollar la memoria verbal, semántica y de razonamiento, sobre todo, para aplicarlas en palabras desconocidas.

Recomendaciones para la enseñanza de la ortografía:

– Facilitar al niño el aprendizaje de la escritura correcta de una palabra desde que inicia el aprendizaje de la lectoescritura. No esperar hasta 3er grado.

– Proporcionar métodos y técnicas para el estudio de nuevas palabras

– Habituar al niño al uso del diccionario

– Desarrollar una conciencia ortográfica, es decir, el deseo de escribir correctamente y el hábito de revisar sus producciones escritas

– Ampliar y enriquecer su vocabulario gráfico

– Para asegurar la retención son necesarios los periodos de práctica y ejercitación

Disortografía:

La disortografía se refiere a la dificultad significativa en la trascripción del código escrito de forma inexacta, es decir, a la presencia de grandes dificultades en la asociación entre el código escrito, las normas ortográficas y la escritura de las palabras. De esta forma las dificultades residen en la asociación entre sonido y grafía o bien en la integración de la normativa ortográfica, o en ambos aspectos.
La disortografía a pesar de que a menudo va ligada a la Dislexia o a la Disgrafía se debe de entender como una entidad aparte, aunque resulta especialmente frecuente su asociación a la disgrafía.

Detección:

Las producciones escritas delataran los errores cometidos por el niño, y se manifiesta como una particular dificultad para la expresión lingüística gráfica, conforme a las reglas del idioma.

Hay cuatro tipos de faltas de ortografía

1. Las fallas referidas a la trascripción puramente fonéticas de la formación del lenguaje hablado.
2. Las faltas de uso que varían según la complejidad ortográfica de la lengua, cuando las palabras se sobrecargan de letras no pronunciadas
3. Las faltas de gramática
4. Las faltas referidas o palabras homófonas

LA DISLEXIA: Trastorno de la lectura

La Dislexia es un trastorno en el aprendizaje de la lectoescritura persistente (esto es, que se mantiene en el tiempo aunque con tratamiento logra compensarse) y de carácter específico cuya producción parece deberse a inconvenientes en el neurodesarrollo. No se relaciona con problemas de retraso o discapacidad mental, ni remite a deficiencias sensoriales o atencionales (aunque algunos disléxicos puedan presentar, además, tales síntomas), ni se trata de que quien la padece carece de voluntad.

Se trata de una cuestión orgánica y en muchos casos de origen genético, aunque existen casos en los que la dificultad es única. Se ha detectado también que en la mayoría de los casos hay antecedentes en la propia familia de la persona afectada.

La Federación Mundial de Neurología define a la *Dislexia* como un trastorno manifestado por la dificultad en aprender a leer a pesar de una instrucción convencional, una inteligencia normal, y adecuadas oportunidades socioculturales. Este trastorno puede ser atribuido fundamentalmente a dishabilidades cognoscitivas las cuales son frecuentemente de origen constitucional. Se manifiesta como una dificultad de la automatización de la lectura, baja comprensión lectora, problemas con la ortografía.

La Dislexia es el trastorno del aprendizaje más frecuente ya que el alumnado con dislexia constituye el 80% de los diagnósticos de los trastornos del aprendizaje, situándose la prevalencia en torno al 2-8% de las niñas y niños escolarizados, habiendo mayor porcentaje entre los niños que entre las niñas. En los últimos estudios se detecta un 10% y hasta un 25% de dislexias en el aula, lo que nos previene sobre la frecuencia de esta alteración que es la causa de muchos de los fracasos escolares en la actualidad.

Desde la perspectiva educativa, la definición que más extensión está teniendo es la que identifica la dislexia como un trastorno específico del aprendizaje de la lectura de base neurobiológica, que afecta de manera persistente a la decodificación fonológica (exactitud lectora) y/o al reconocimiento de palabras (fluidez y velocidad lectora) y en la comprensión lectora, interfiriendo en el rendimiento académico con un retraso lector de al menos dos años. Suele ir acompañado de problemas en la escritura.

Puede en los primeros años, convertirse en predictor de un futuro fracaso escolar si no es detectada y tratada, puesto que todo el aprendizaje está basado en un adecuado aprendizaje lectoescrito.

Se presenta en muchos grados, desde pequeños problemas superables en breve plazo, hasta una dificultad severa que afecta a diversas áreas y que se arrastra de por vida.

Sus consecuencias van mucho más allá de las dificultades en la lectoescritura, puesto que repercute de lleno en la vida de las personas.

Los problemas que presenta el alumnado con dislexia en el aula se concretan en distintas áreas: pensamiento, habla, lectura, escritura, deletreo y /o dificultad para manejar símbolos matemáticos.

Sintomatología:

Afectación de las habilidades lingüísticas asociadas a la lectura y a la escritura, especialmente la conciencia fonológica discriminación fonológica, la secuenciación fonológica y la memoria de trabajo.

- La lectura es muy lenta, con vacilaciones, rectificaciones y siempre por debajo de la media del grupo de su clase.
- Aparecen inversiones o alteraciones secuenciales, puede leer *pardo* por *prado*, *persa* por *presa*, etc. Las rotaciones también son frecuentes, confunden la d - p, o la p -q, d

y b, n y v, etc., con giros en la percepción de la letra de derecha - izquierda o arriba y abajo.

- Confusión de letras parecidas por su sonido, p y c, c y t. O confundir las letras por el punto de articulación. Suele ser muy frecuente la ll y la ñ, l y r,
- Las omisiones son constantes, los padres dicen que " come muchas palabras y letras," o que "inventa palabras".
- No respetan los signos de puntuación.
- Es muy fácil que se cambien de línea y/o se salteen alguna.

Ejemplo ilustrativo:

"Ya llególa primavera. Por eso los sapos, desoiden desu letrago invierno y sale al sol que dejando estoy no se para menos, hacerme eso que no pruebo bocado".

El texto completo era:

"Ya llegó la primavera. Por eso, don Sapo, despierta de su letargo invernal y sale al sol. ¡Qué delgado estoy! Pero ¡no es para menos! ¡Hace meses que no pruebo bocado".

Hay omisiones, falta de puntuación, uniones y separaciones inadecuadas, omisiones de porciones enteras de la lectura.

<u>Características del alumnado con Dislexia.</u>

Las investigaciones de los últimos años hablan de dislexia como síndrome que se manifiesta de múltiples formas.

Siempre se presentarán:
- Dificultades en el lenguaje escrito.
- Serias dificultades en la ortografía.
- Lento aprendizaje de la lectura.
- Dificultades para comprender y escribir segundas lenguas.

A menudo, podrán presentarse:
- Dificultades para seguir instrucciones y secuencias complejas de tareas.
- Problemas de comprensión de textos escritos.
- Fluctuaciones muy significativas de capacidad.

A veces, en función del tipo de dislexia o de cómo ésta haya afectado al alumno, pueden presentarse:
- Dificultades en el lenguaje hablado.
- Problemas de percepción de las distancias y del espacio.
- Confusión entre la izquierda y la derecha.
- Problemas con el ritmo y los lenguajes musicales.

En las fases tempranas pueden presentarse dificultades para:
- Recitar el alfabeto.
- Hacer rimas simples.
- Denominar correctamente las letras.
- Analizar y categorizar los sonidos.

Más tarde, pueden presentarse errores en la lectura oral, como por ejemplo:
- Omisiones, sustituciones, distorsiones o adiciones de palabras o partes de palabras.
- Lentitud.
- Falsos arranques, largas vacilaciones o pérdidas del sitio del texto en el que se estaba leyendo.
- Inversiones de palabras en frases o de letras dentro de palabras.

También pueden presentarse déficits de la comprensión de la lectura:
- Incapacidad de recordar lo leído.
- Incapacidad de extraer conclusiones o inferencias del material leído.
- El recurrir a los conocimientos generales, más que a la información obtenida de una lectura concreta, para contestar preguntas sobre ellas.

Otros Síntomas

– Es característico que estos niños se destaquen por la falta de atención. Debido al esfuerzo intelectual que tiene que realizar para superar sus dificultades, suelen presentar un alto grado de fatigabilidad, lo cual produce una atención inestable y poco continuada. Por esta causa, los aprendizajes de lectura y escritura les resultan áridos, sin interés, no encontrando en ellos ninguna motivación que atraiga su atención.

– Este problema se agudiza con el tiempo si el aprendizaje de la lecto-escritura se retrasa, pues el trabajo escolar exige cada vez más de estas habilidades y el niños se distancia cada vez más de lo que ocurre en el aula. En ocasiones compensa un tanto su dificultad, si se le consigue motivar, mediante la atención auditiva a lo que se dice en el aula, en niños con alta capacidad intelectual, para que aprenda por esta vía.

– Sus calificaciones escolares son bajas y con frecuencia son marginados del grupo y llegan a ser considerados (y a considerarse a sí mismos) como niños poco inteligentes.

Diagnóstico

El problema que se presenta para su diagnóstico temprano es que uno de los criterios para establecerlo es que exista un retraso en adquirir ciertas habilidades de aproximadamente dos años con relación a la media esperable, y que ella se mantenga durante un lapso relativamente largo, dado que es común que algunos niños presenten lo que se denomina "retraso en el aprendizaje de la lectura", que es una demora en la capacidad lectora de corta duración, puesto que el sujeto, en un tiempo más o menos breve, se amoldará a las adquisiciones del resto aún sin mediación de ayuda.

De todas maneras, es posible detectar ciertos indicios tempranos en la infancia que podrían derivar en Dislexia, tales como desarrollo lento del vocabulario y retraso en el habla con dificultades para articular o pronunciar las palabras; dificultades para seguir instrucciones y aprender rutinas; falta de atención; aumento de la actividad y de la impulsividad; retrasos para memorizar distintos elementos, por ejemplo, los números, el abecedario, los días de la semana, los colores, las formas de los objetos; falta de control de ciertos elementos como lápices y tijeras; inconvenientes en las conductas sociales; problemas de dominancia de la lateralidad; entre muchas otras.

Ante la manifestación de algunos signos de que pudiera estarse ante la presencia de una Dislexia (o cualquier otro trastorno), se impone la consulta profesional.

Entre los diferentes indicadores tempranos señalaremos aquellos que se han mostrado con mayor capacidad predictiva:

Procesamiento fonológico:

Entendemos por procesamiento fonológico el conjunto de operaciones relacionadas con la manipulación de la información fonológica (sonora) necesarias para un adecuado desarrollo del lenguaje oral y escrito. Estas operaciones van referidas a la conciencia fonológica, memoria verbal a corto plazo (memoria fonológica) y la velocidad en denominación (recuperación de la información fonológica de la memoria a largo plazo).

Conciencia fonológica:

Hace referencia a la capacidad de identificar los componentes fonológicos de las unidades lingüísticas y de manipularlos intencionadamente.

Al inicio del aprendizaje de la lectura, uno de los principales problemas a los que se enfrenta el niño es el comprender que el habla puede segmentarse en unidades, siendo las más pequeñas los fonemas. Además debe comprender que estas unidades fonémicas se representan mediante letras. Antes de que el niño pueda adquirir una adecuada lectura debe desarrollarse la conciencia fonológica.

Las tareas a partir de las cuales es posible identificar el nivel de conciencia fonológica durante la etapa de Nivel Inicial, especialmente durante sala de 5 años, serían: tareas de síntesis (se le dice al niño la palabra separada en sus sílabas y el tiene que decir la palabra completa), golpeteo silábico (el niño tiene que dar tantos golpes como sílabas tiene una palabra), categorización del sonido (identificar qué palabra no suena igual de las otras en un grupo de tres o cuatro), tareas de rima (decir palabras que empiezan o acaban igual) e identificación del fonema inicial (se le presentan tres o cuatro dibujos diciéndole a la vez el nombre de cada uno y se le pide que señale cual empieza por una letra dada).

Los niños de alto riesgo presentan diferencias en conciencia fonológica con respecto a los de bajo riesgo, tanto en Nivel Inicial como en primer ciclo de E. Primaria. Debemos también tener en cuenta que las dificultades iniciales que presentan los niños con bajo nivel intelectual en lectura de palabras, son las mismas que presentan los niños con un nivel intelectual medio: alteración en la conciencia fonémica.

En relación a las dificultades iniciales de la lectura, puede servirnos como orientación inicial para llevar un seguimiento ante una sospecha de una posible dislexia del desarrollo, el conocimiento de los siguientes perfiles:

– Niños que al entrar al colegio presentan una adecuada habilidad verbal y baja conciencia fonológica, con nivel intelectual y otras capacidades cognitivas normales. El principal problema de estos niños al empezar el aprendizaje de la lectura reside en la dificultad para trasladar el lenguaje escrito a lenguaje oral. Este tipo de perfil es el que suele ser frecuente en niños con Dislexia.

– Niños procedentes de niveles socioeconómicos bajos o minoritarios que al entrar al colegio presentan un retraso mucho mayor que los anteriores en habilidades prelectoras. Estos niños se encuentran retrasados no solo en habilidades fonológicas sino también en el lenguaje oral, lo que conllevará que aunque sean capaces de adquirir adecuadamente las habilidades de lecturas de palabras, su habilidad para comprender el significado de lo que leen puede verse afectado por su bajo nivel de habilidad general.

– Niños con alteración general del lenguaje. Estos niños requieren una atención diferente a aquellos que presentan sólo una dificultad fonológica.

Memoria verbal a corto plazo (memoria fonológica)

La memoria verbal a corto plazo hace referencia a la capacidad para almacenar durante un breve período de tiempo la información, en este la fonológica. Ante la tarea de lectura, el niño debe ser capaz de desfragmentar la palabra escrita en sus diferentes componentes sonoros y mantenerlos en la memoria a corto plazo, en tanto que busca los recursos cognitivos disponibles para unir los sonidos individuales en la producción de la palabra y recuperar el significado de la memoria a largo plazo.

Las tareas para identificar la memoria fonológica serían: repetición de dígitos en orden directo, repetición de sílabas, repetición de palabras sin sentido (pseudopalabras) y repetición de frases.

Velocidad en denominación

Es la habilidad para recuperar con rapidez la información almacenada en la memoria a largo plazo. Las tareas que se suelen utilizar con más frecuencia en Infantil, son la denominación de objetos familiares y colores. Los números y letras se utilizan a partir de 1º de Primaria, cuando el niño ya ha tenido una suficiente exposición al aprendizaje de estos. Los niños de alto riesgo necesitan mayor tiempo para producir la denominación.

Historia del desarrollo del lenguaje

Aunque se ha sugerido la posible existencia de alteraciones en el lenguaje oral (expresivo y comprensivo) en niños con Dislexia antes de que empiecen el aprendizaje de la lectura, no existe un acuerdo al respecto. Existen niños con Dislexia que presentan una historia de desarrollo del lenguaje oral normal, sin problemas de articulación ni de sintaxis, buena memoria verbal, buen nivel de vocabulario y buena comprensión. Aspectos estos que, por el momento, no pueden ser considerados como indicadores tempranos de una posterior Dislexia.

En la evaluación del lenguaje oral

Se hará especial hincapié en la capacidad para generar palabras, comprensión y discriminación auditiva.

El primer aspecto a evaluar en relación al lenguaje es la capacidad del niño para generar palabras, ya sea en relación a aspectos fonéticos (ej. palabras que empiezan por una determinada letra) o a aspectos semánticos (ej. agrupar palabras en función de una determinada categoría, por ejemplo, animales, herramientas de trabajo, etc.). Los niños con un vocabulario pobre, o que son muy lentos para acceder a palabras específicas de su memoria, producen muy pocas palabras.

Los niños con una deficiente fluencia de palabras suelen presentar una deficiente fluencia lectora como consecuencia de su lentitud para identificar la palabra escrita que le es poco familiar. Necesitan más tiempo para buscar en su memoria las palabras almacenadas.

Un segundo aspecto se refiere a la capacidad del niño para entender el lenguaje. Las dificultades en la comprensión del lenguaje pueden encontrarse en diferentes niveles: El niño no oye o no procesa la información que se le proporciona, tiene dificultades para entender frases largas pero no cortas, olvida la instrucción que se le han dado (relacionado con memoria de trabajo verbal), o tiene dificultades para recordar el orden o secuencia de la información verbal. Dependiendo de la causa que identifiquemos en sus dificultades de comprensión, podremos establecer estrategias de intervención relacionadas con la cantidad y forma de presentarle la información.

El tercer aspecto básico es la capacidad para discriminar auditivamente diferencias sutiles en el lenguaje hablado (traba-trapa). Una dificultad en este área dificultará el adecuado almacenamiento de la información y, por lo tanto, su posterior evocación.

Algunos test que se utilizan para su diagnóstico:
- Evaluación de la conciencia fonológica JEL-K (Rufina Parson)
- Test Estandarizado de Lectura TALE
- Test de Vocabulario de Boston.
- Batería de evaluación de los procesos lectores en Educación Primaria (PROLEC).
- Batería de evaluación de los procesos lectores en Educación Secundaria (PROLEC-SE)
- Test para la evaluación de la lectoescritura LEE

Tratamiento:

El tratamiento de los niños con Dislexia debe ser personalizado, ya que cada caso plantea sus propias dificultades y diversos grados.

Factores que influyen en la evolución del problema:
- El diagnóstico precoz y la reeducación adecuada aumenta las posibilidades de que el trastorno se supere. (Distintos estudios afirman que el 90% de aquellos que han sido tra-

tados antes del ingreso al primer grado logran leer normalmente, lo que se reduce a un 25% cuando la ayuda aparece luego de los 9 años, mientras que el 75% restante continuará presentando alteraciones de distinto calibre al respecto durante el transcurso de su vida, aunque muchos de ellos mejoran con los tratamientos).

– El nivel mental. Los niños con una capacidad intelectual alta, encuentran a veces la forma de superar los problemas, en especial si han recibido atención especializada, y/o apoyo familiar, a veces en forma de repaso insistente a nivel oral cuando se dan cuenta intuitivamente que pueden compensar su dificultad de comprensión lectora de ese modo.

– La gravedad de la dislexia. Las alteraciones profundas son más difíciles de superar que las leves. Según algunos autores la dislexia forma un continuo con la disfasia, un trastorno del área del lenguaje más profundo y con un mayor correlato con disfunciones cerebrales. Hay disléxicos que mantienen su dificultad de adultos pese al tratamiento.

– La eficaz colaboración de la familia y el profesorado en el tratamiento, teniendo en cuenta la motivación y el aumento de la autoestima como factores de vital importancia en el mantenimiento y éxito del tratamiento. Los tratamientos suelen ser largos, siendo determinante la coordinación del trabajo entre el centro educativo, la familia y el especialista.

Abordar la conciencia Fonológica

Las deficiencias en las habilidades fonológicas parecen estar en el origen de muchos trastornos de aprendizaje, de modo que su práctica en clase no sólo puede ayudar a prevenir problemas en etapas futuras, sino que también permite saber de forma temprana qué alumnos tienen mayor riesgo de tener un trastorno de aprendizaje que afecte a la lectura y la escritura.

La enseñanza del conocimiento fonológico mejora el rendimiento en lectura en la etapa de nivel inicial y de primaria, tanto en niños que progresan normalmente, como en el alumnado que está en riesgo de tener dificultades específicas para leer.

Ejercicios y juegos sobre la secuencia de sonidos que forman las palabras, practicando distintas tareas.

– Jugar con rimas.
– Contar sílabas o fonemas
– Separar y aislar sílabas o fonemas.
– Saber la posición de los fonemas
– Distinguir cuales son iguales y cuales no.
– Añadir sílabas o fonemas.
– Omitir sílabas y fonemas
– Invertir sílabas y fonemas.
– Cambiar el orden.

HABILIDADES FONOLÓGICAS

❑ Se trabaja con soportes visuales (imagen, gesto fonético, palmadas)
❑ Se puede trabaja con el apoyo de la grafía de los sonidos o sílabas a analizar
  ❑ Actividades de segmentación de sílabas
  ❑ Actividades de segmentación de fonemas
  ❑ Actividades de segmentación léxica

LA ESTRUCTURA SILÁBICA

❑ Realizar cruces, poner gomets, según n° sílabas que contenga la palabra.
❑ Unir/asociar imágenes con estructuras silábicas igual
❑ Clasificar imágenes según estructura silábica
❑ Identificar cuantas sílabas tiene la palabra palmeada
❑ Unir imágenes de palabras que contiene la estructura silábica dada
❑ Señalar imágenes que no se corresponden con la estructura silábica dada
❑ Evocar palabras con una estructura silábica dada o un determinado número de sílabas

LA VOCAL

- ❏ Analizar la vocal en la palabra:
  - ❏ Identificar si una palabra empieza o acaba por una vocal que le decimos
  - ❏ Identificar la vocal por la que empiezan las palabras de los dibujos.
  - ❏ Agrupar dibujos teniendo en cuenta la vocal inicial
  - ❏ Agrupar dibujos teniendo en cuenta la vocal final
  - ❏ Evocar palabras que empiecen por una vocal
  - ❏ Evocar palabras que terminen por una vocal

LA SÍLABA

- ❏ Identificar si una palabra empieza por una sílaba determinada
- ❏ Clasificar dibujos en función de la sílaba inicial
- ❏ Evocar palabras que empiece por una sílaba dada

- ❏ Evocar palabras que terminen por una sílaba dada
- ❏ Evocar palabras contengan por una sílaba dada
- ❏ Asociar palabras que tienen la misma sílaba inicial.
- ❏ Asociar palabras que tienen la misma sílaba final. RIMA.
- ❏ Ante dibujos, silenciar la sílaba inicial, media o final
- ❏ Encadenar palabras: señalar/elegir dibujos que empiecen con la sílaba que acaba la anterior
- ❏ Encadenar palabras: nombrar una palabra y el niño dice otra que empieza por la sílaba que termina la palabra nombrada

EL FONEMA (consonántico)

- ❏ Identificar si una palabra empieza por el fonema dado.
- ❏ Identificar el fonema por el que acaba una palabra
- ❏ Identificar si una palabra contiene el fonema dado.
- ❏ Identificar el fonema por el que termina la palabra:
- ❏ Identificar el fonema consonántico que contiene la palabra:
- ❏ Comparar palabras que empiecen por igual fonema
- ❏ Comparar palabras que terminen por igual fonema
- ❏ Segmentar la palabra en fonemas

EL LÉXICO

- Dividir una oración simple formada por 2 palabras.
- Contar palabras.
- Omisión de palabra inicial.
- Ejercicio de contar (tres palabras)
- Comparación de número de segmentos.
- Dictado de palabras en la tira gráfica.
- Introducción de palabras funcionales: la, el, los, etc.
- Dividir oraciones de 3 palabras contenido y artículo (palabras funcionales).
- Segmentar la palabra inicial.
- Inversión de palabras.

- Segmentación de la primera palabra.
- Palabra cambiada.
- Palabra añadida.
- Palabra suprimida.
- Dividir oraciones con varias palabras contenido y varias palabras función.

Tarea tipo	Ejemplo
1. Duración acústica	¿Qué palabra es más larga?
2. Identificación de palabras	¿Cuántas palabras hay en...?
3. Reconocimiento de unidades	¿Se oye una /f/ en café?
4. Rimas	¿Riman col y gol?
5. Clasificación de palabras	¿Empieza foca igual que forro?
6. Mezclar unidades	¿Qué palabra es /s/,/o/,/l/?
7. Aislar unidades	¿Cúal es el primer sonido de la palabra barro?
8. Contar unidades	¿Cuántos sonidos oyes en sol?
9. Descomponer en unidades	¿Qué sonidos oyes en la palabra baño?
10. Añadir unidades	¿Qué palabra resultará si le añadimos /s/ a alto?
11. Sustituir unidades	¿Qué resultará si cambiamos la /k/ de col por /g/?
12. Suprimir unidades	¿Qué palabra queda si quitamos /r/ a rosa?
13. Especificar la unidad suprimida	¿Qué sonido oyes en caro que no está en aro?
14. Invertir unidades	¿Qué palabra resultará si digo sol al revés?
15. Escritura inventada	Escribe...

Cuadro 12. Tipos de tareas fonológicas.

PROGRAMA DE ENTRENAMIENTO EN SEGMENTACIÓN DE PALABRAS

a) Tareas de *rima y aliteración* consistentes en buscar palabras que terminen o empiecen por el mismo segmento silábico o fonémico.

b) *Juegos con onomatopeyas.*

c) *Contar* el número de segmentos orales: palabras, sílabas o fonemas.

d) *Descubrir un segmento oral diferente* en el contexto de una palabra o frase: /dame el balón/, /dame el jarrón/
/polo/, /poro/

e) *Comparar segmentos silábicos o fonémicos* (iniciales, medios o finales): "en qué se parecen /faro/ y /dedal/"?

f) *Unir* segmentos silábicos o fonémicos: /ca/ + /sa/ → /casa/

g) *Segmentar* en palabras, sílabas o fonemas.

h) *Omitir* palabras, sílabas o fonemas:
"Si *a gusano* le quitamos gu, ¿qué queda?"
"Si a *melón* le quitamos l, ¿qué queda?"

i) *Añadir* segmentos (palabras, sílabas o fonemas):
/osa/ → /rosa/; /plano/ → /plátano/

j) *Invertir* palabras en una frase, sílabas en una palabra o fonemas en una sílaba o palabra:
/loma/ →/malo/; /sol/ → /los/

k) *Dictados silábicos o fonémicos*; el niño tiene que poner una cruz por cada uno de esos segmentos orales.

Cuadro 15. Programa de entrenamiento en segmentación de palabras (Soto et al., 1991). Está desarrollado en Calero, Pérez, Maldonado y Sebastián (1991).

Ayudas Tecnológicas:

Existen diversas aplicaciones que, dependiendo de la edad y del tipo de Dislexia, más las características de cada individuo, son herramientas muy útiles para la detección y el tratamiento.

*Samsung, la empresa coreana, en el marco de su campaña denominada "Tecnología con propósito" y con la colaboración de la empresa social Change Dyslexia a partir de una investigación desarrollada en Carnegie Mellon University, ha creado la aplicación gratuita Dytective for Samsung, concebida para ser utilizada bajo plataforma Android (se consigue en Google play y en App Store) y que también puede realizarse online (https://changedyslexia.org/dytecti vetest/) vía PC o Mac.

Según Change Dyslexia, el test dura aproximadamente 15 minutos y permite detectar este trastorno con una fiabilidad cercana al 90%, puede utilizarse en niños a partir los 7 años.

*Por su parte, Piruletras (o Dyseggxia, que es la versión para Android,) es un juego diseñado para iPhone y para iPad que contiene 2.500 juegos (en su versión en español) que mejora la lectura y la escritura de los niños con Dislexia a través de sus variadas propuestas, que tienen en cuenta las dificultades específicas que suelen presentar, puesto que se basan en un estudio y análisis de sus errores reales de escritura.

Los ejercicios son de seis tipos: inserción (ubicar las letras que faltan), omisión (hay que identificar la letra que sobra), sustitución (identificar letra errónea y sustituirla por la correcta), derivación (terminaciones de palabras que requieren que el usuario coloque el sufijo correcto), separación de palabras que se hallan unidas y trasposición (sílabas o letras desordenadas que hay que ordenar). Su autora es Clara Bayarri y el costo es de U$S 4,99 en App Store y puede obtenerse gratuitamente para tablets en http://dysegg xia.com/download?lang=es.

*DiTres es un conjunto de software para PC compuesto por tres programas, denominados DiTex, DiDoc y DiLet. La idea básica es que la computadora lea todos los textos a través de una voz sintética, ayudando a la persona disléxica a comprender y asimilar los textos con distintos formatos. Según sus desarrolladores, cada vez que el niño utiliza alguno de estos programas, leyendo y escuchando al mismo tiempo, se agrega otra dimensión a la lectoescritura que ayuda a mejorarla sensiblemente. Se puede comprar en http://www.rehasoft.com/dislexia/ditres/.

*Un producto que se utiliza desde un ordenador (Mac o PC), pero que está en la nube es Type to Learn 4 (Tipear para Aprender), que también está en español.

Teniendo en cuenta que la escritura manual de los niños con Dislexia suele ser ilegible y que escribir con el ordenador se les hace dificultoso, este programa consiste en una serie secuencial de lecciones que permiten que niños desde 5 a 12 años practiquen durante apenas 10 minutos diarios con el teclado, mejorando sus habilidades de escritura e incorporando nuevas palabras al vocabulario.

Además, a medida que el niño completa la totalidad de los ejercicios (36), se pueden agregar nuevas dificultades (5 niveles) para que se incremente el aprendizaje.

Para obtener más datos, puede visitarse http://ttl4. sunburst.com/.

Cuando se busca facilitar la adquisición de las habilidades matemáticas, los autores de ModMath afirman que su aplicación gratuita disponible para iOS 8.0 o superior e iPad (https://itunes.apple. com/ar/app/modmath/id821892964?mt=8) resulta adecuada.

Consiste en una hoja de cálculo virtual, en la que se puede escribir y realizarse distintas operaciones gracias a su panel táctil incorporado. La aplicación permite imprimir, guardar lo realizado a la nube o enviarlo por e-mail a quien se quiera.

Además de permitir trabajar con matemáticas, mejora las habilidades motoras de quien utilice esta aplicación que fue pensada por los padres de un niño con disgrafía y realizada por la Fundación Christopher Way. Se advierte que para algunas funciones adicionales deberá abonarse un pequeño cargo, lo que no implica un fin de lucro sino disponer de un fondo para futuras mejoras.

Promocionada como una aplicación (para iOS) creada por disléxicos para disléxicos, tiene una serie de funciones que resultan muy útiles, como la capacidad de tomar fotografías de un texto y leerlo mediante una voz sintetizada; predicción de palabras que facilita el tipeo en distintos formatos; lupa digital que permite agrandar los textos; procesador de texto en el que puede cambiarse el tipo de letra de un documento original por otro que sea de más fácil lectura para el usuario, así como quitar itálicas y negritas, si dificultan la lectura; y muchas otras.

Solamente corre bajo plataforma iOS y si bien se trata de un programa gratuito, algunas de sus funciones complementarias no lo son.

*Otro tipo de ayudas, más orientadas a sustituir aquello en lo que se tiene dificultad puede resultar SmartPen, que no es otra cosa que una grabadora digital adosada a un bolígrafo, lo que permite, además de grabar aquello que se le dice, tomar notas manuscritas y estar seguro de lo que se apuntó.

*Si lo que se quiere es evitar los errores en la escritura y mejorar la velocidad, también típicos, se puede recurrir a distintos tipos de programas de voz a texto, que ponen en procesadores de texto aquello que se les dicta.

También se pueden obtener aplicaciones que permiten establecer agendas para los niños que pueden combinar imágenes, textos, sonidos e incluso videos, para hacerlos no solamente más atractivos sino que les resulten fáciles de comprender y de seguir. Uno de ellos, el First Then Visual Schedule tiene bajo costo y puede obtenerse en https://itunes.apple.com/us/app/first-then-visual-sche dule/id355527801?mt=8 para iOS, iPad e iPhone, y aunque solamente está disponible en inglés, su manejo no es dificultoso. Las reseñadas son solamente algunas de las muchas aplicaciones que pueden conseguirse.

Referencias Bibliográficas.

ALBA GÁMEZ MARGARITA ... [et al.] (2008). Actualización en dislexia del desarrollo. Guía para orientadores y profesores de primaria. Edit: Región de Murcia, Consejería de Educación, Ciencia e Investigación

ANGULO DOMÍNGUEZ, MARÍA DEL CARMEN ... [et al.] Manual de atención al alumnado con necesidades específicas de apoyo educativo derivadas de dificultades específicas de aprendizaje: DISLEXIA. Editorial: Sevilla: Junta de Andalucía, Consejería de Educación, 2012

BRAVO, L. (1999). Lenguaje y Dislexias (3ª edición), México-Santiago de Chile. Ed. AlfaOmega-Universidad Católica de Chile.

BRAVO, L., E. ORELLANA. (1999)."La conciencia fonológica y el aprendizaje de la lectura", Boletín de Investigación Educacional 14: 27-37.

BRAVO VALDIVIESO, LUIS (2004). La conciencia fonológica como una zona de desarrollo próximo para el aprendizaje inicial de la lectura * TESIS REVOLUCIONARIA Educación , Año I, N.º 2, diciembre 2004; pp. 83-94

CUADRO ARIEL Y TRÍAS DANIEL (2008). Desarrollo de la conciencia fonémica: Evaluación de un programa de intervención. Revista Argentina de Neuropsicología 11, 1-8 http://www.revneuropsi.com.ar

DEFIOR CITOLER, S. (2000). Las dificultades de Aprendizaje: un enfoque cognitivo. Ediciones Aljibe Málaga España.

DSM-IV TR "Manual Diagnóstico y Estadísticos de los Trastornos Mentales.

HABIB, MICHEL (1996). Les mecanismes cerebraux de la lecture-un modele en neurologie cognitive. Medecine/Sciences 12, 707/14

LUSSIER, FRACINE – FLESSAS, JANINE (2009). Neuropsychologie de l'enfant. Troubles développementaux et de l´apprentissage. Dunod 2e Edition.

Materiales para trabajar las habilidades fonológicas- equipo de audición y lenguaje Creena. Centro de Recursos de Educación Especial de Navarra C/Pedro I, nº 27 – 31007 PAMPLONA http://www.pnte.cfnavarra.es/creena creenaud@pnte.cfnavarra.es

NARBONA.J. (1997). El lenguaje del niño. ed. Masson. 1º edición. Barcelona,

PEARSON, RUFINA (2007) El boom de la conciencia fonológica. Recuperado el día 16 de julio de 2010, de http://blog.jel-aprendizaje.com/conciencia-fonologica.

RAMÍREZ SERRANO (2010). ¿En qué consiste la disortografía? Temas para la Educación, revista Digital para profesionales de la enseñanza. Federación de Enseñanza de Andalucía.

RAMOS SÁNCHEZ, JOSÉ LUIS (2003/04). Ponencia: Una perspectiva cognitiva de las dificultades de lectura y escritura: procesos, evaluación e intervención. EOEP Mérida -

CAPITULO VII

Trastorno del habla en adultos. Disartrias.

Mgter Lic. Carolina Ussher

En este capítulo haremos referencias a los trastornos del habla de origen neurológico pudiendo afectar los mismos el accionar del individuo en todos aquellos aprendizajes aprehendidos durante su ciclo vital.

Disartria

La disartria es una alteración en la programación o ejecución motora del habla de origen neurológico del sistema nervioso central y/o periférico que produce alteraciones en el recorrido muscular. Dando trastorno en la fuerza, el tono, la velocidad y la precisión de los movimientos realizados por la musculatura de los mecanismos que participan en la producción, la respiración, la fonación, la articulación y la resonancia.

El deterioro de un sector del sistema nervioso responsable de la emisión del habla puede ocurrir en cualquier parte de los tractos que van desde el cerebro hasta el propio músculo. Los desajustes en la inervación de estos músculos en la función del músculo mismo o de la coordinación motora, dan defectos del habla y de la voz por disminución de la fuerza muscular de los órganos fono articulatorios y respiratorios, por trastornos del tono muscular o por movimientos involuntarios.

151

Clasificación

Para clasificar la disartria en sus distintos subtipos, hay que tener en cuenta dos cosas, los aspectos neuroanatómicos relacionados con la lesión, como las características patológicas observadas en el habla. Las neuroimagen cerebral nos van a permitir conocer datos como:

- Las áreas cerebrales que se encuentran implicadas en la producción verbal.
- El tipo y la etiología de las lesiones para realizar diagnósticos diferenciales.
- Pronóstico y la severidad de las lesiones .

En relación con las características del habla, para su análisis y definición actualmente se emplean tres fuentes de información, distintas y complementarias entre sí, que son la perceptiva, la acústica y la fisiológica.

La *disartria flácida* se debe a compromiso de la motoneurona inferior de los nervios craneanos V, VII, IX, X y XII. Esto ocurre como consecuencia de alteraciones a nivel del núcleo motor, sus axones o la placa neuromuscular. Su causa puede corresponder a un ACV, TEC, ELA, tumores del SNC, neuritis, síndromes miasténicos, y distintos procesos musculares distróficos. Fisiopatológicamente, se caracteriza por una parálisis flácida con debilidad, hipotonía y atrofia muscular, pudiendo haber fasciculaciones.
Darley et al. Identifican tres grupos de rasgos que la caracterizan a nivel perceptivo:

- Incompetencia fonatoria: inspiraciones audibles, frases cortadas y voz soplada.
- Incompetencia resonadora: hipernasalidad, imprecisión consonántica, emisiones nasales y frases cortas.
- Insuficiencia fonatoria prosódica: voz áspera, monotonal y nonointensa.

Las características perceptuales de este tipo de disartria consisten en una voz soplada (voz sin resistencia y débil), con hipernasalidad y distorsión consonántica.

La *disartria espástica* corresponde a una alteración del habla producida por daño bilateral de la vía corticonuclear y/o corticoespinal. Entre sus causas podemos mencionar ACV, TEC, lesiones desmieli-

nizantes, neoplasias, infecciones del SNC, enfermedades degenerativas, entre otras. El mecanismo está determinado por una parálisis
espástica, debilidad, rango de movimiento limitado y lentitud en los
movimientos.

Perceptivamente, Darley eta al identificaron cuatro grupos de aspectos alterados:

- Exceso prosódico: tasa de habla lenta y acentuación excesiva y equitativa para todas las sílabas de la palabra.
- Incompetencia articulatoria –resonadora: imprecisión articulatoria, distorsión vocálica e hipernasalidad.
- Insuficiencia prosódica: reducciones en la acentuación,
  uso de frases cortas y escasas variaciones en tono e intensidad
- Estenosis fonatoria: tasa de habla baja, frases cortas, rupturas en el tono agravado y voz áspera, tensa y estrangulada.

Todo ello lleva a la aparición de limitaciones en la inteligibilidad del
habla.

Acústicamente, los estudios muestran la existencia de imprecisión
consonántica, consonantes oclusivas sordas aspiradas, menor energía
acústica en las fricativas, grupos consonánticos incompletos, e incre-
mentos en la duración de silencios.

La *disartria atáxica* está asociada a un daño de los circuitos del
control cerebeloso de la motricidad. Las características son más evi-
dentes en la articulación y la prosodia. Sus causas más frecuentes
son los ACV, TEC, tumores del cerebelo, cerebelitis, etc. En estas
afecciones las estructuras implicadas en el habla presentan hipotonía, lentitud motora, inexactitud en el rango, dirección y tiempo del
movimiento (ataxia).

Perceptivamente, Darley et al establecieron tres grupos de características de esta disartria:

- Imprecisión articulatoria: imprecisiones artiularioríes, distorsiones vocálicas y rupturas irregulares articulatorias
- Exceso prosódico: prolongación de fonemas y de los intervalos entre ellos, tasa de habla lenta y acentuación silábica
  excesiva y equitativa para todas las sílabas.
- Insuficiencia fonatoria –prosódica: presencia de una voz
  sin variaciones en tono e intensidad y con dureza vocal.

153

Acústicamente su habla es escaneada, es decir que presenta una tendencia a prolongar la

- duración de las sílabas pro igual, acentuadas o no, y de los espacios entre ellas y entre
- las palabras produciendo una prosodia monótona por reducción del contorno de la
- frecuencia fundamental. Con aumento de la intensidad.

La *disartria hipocinética* está asociada a una disminución en la cantidad y velocidad de los movimientos por compromiso del sistema extrapiramidal. Entre sus causas más frecuentes se encuentra la enfermedad de Parkinson. Estas lesiones en los ganglios de la base se manifiestan fisiológicamente con una reducción en el recorrido muscular y la velocidad de los movimientos, debidas a la rigidez muscular. Estas impiden que el paciente pueda realizar cambios rápidos y ajustes finos de la musculatura del velo del paladar, de la lengua, de los labios, de la laringe y de los músculos implicados en la respiración.
Los rasgos del habla más afectados son la fonación, la articulación y la prosodia. Esto

- incluye habla tonal monotonal y monointensidad, acento reducido, frases cortas, tasa
- variable, descargas rápidas de habla e impresión consonántica.
- En un menor porcentaje se ha observado en pacientes con Enfermedad de Parkinson una
- repetición compulsiva de fonemas y de sílabas, un tipo de disfluencia. Se ha observado
- palilalia que se caracteriza por una repetición de palabras, frases y que está asociada
- normalmente a lesiones subcorticales bilaterales.

La *disartria hipercinética* se asocia con síndromes con aumento en la cantidad y velocidad de los movimientos determinados por el sistema extrapiramidal. Este tipo de disartrias puede ser clasificada de acuerdo a la velocidad de los movimientos involuntarios (hipercinesias rápidas o lentas). *La disartria hipercinética predominantemente rápida* se observa en los síndromes coreicos, el balismo, el síndrome de Gilles de la Tourette, entre otros. Se caracteriza por la presencia de movimientos involuntarios rápidos, con tono muscular variable. Sus características perceptuales son la distorsión consonántica, con intervalos prolongados, velocidad variable y monotonía. Se acompaña de una voz áspera, con silencios inapropiados, distorsión vocálica, excesivas variaciones de intensidad y episodios de hipernasalidad.

La *disartria hipercinética predominantemente lenta* se observa en la atetosis, las distonías, la discinesia tardía. Se manifiesta por movimientos lentos y retorcidos involuntarios e hipertonía. Sus características perceptuales son la distorsión consonántica, voz áspera forzada y estrangulada, quiebres articulatorios irregulares acompañados de monotonalidad y monointensidad.

La *disartria por lesión de neurona motora superior unilateral* es un trastorno del habla reconocible que está asociado a un daño de la vía motora supranuclear. Ésta frecuentemente compromete la articulación, la fonación y la prosodia. Las características más relevantes son la debilidad, algunas veces espasticidad e incoordinación. Sólo en los últimos años se ha comenzado a describir perceptualmente este tipo de disartria(2,3). Ha recibido limitada atención, ya que ha sido considerada una alteración leve y transitoria, y por su frecuente coexistencia con otros defectos de la comunicación que pueden enmascarar el trastorno. Sus causas más comunes son los ACV (90%), los tumores (4%) o traumáticas (4%). Según el estudio de la Clínica Mayo de 2005(3), las características perceptuales más sobresalientes son la distorsión consonántica, los quiebres articulatorios irregulares, voz áspera, lentitud, alteración de la acentuación e hipernasalidad.

Las *disartrias mixtas* son el resultado de alteraciones en dos o más sistemas implicados en la producción del habla y por lo mismo, sus características corresponden a una combinación de los defectos más o menos puros descritos previamente. De acuerdo a la serie de la Clínica Mayo, el 29.1% de todas las disartrias corresponden a este tipo. Se pueden reconocer tres tipos de disartria mixta.
La disartria mixta espástica-fláccida que es causada por un defecto combinado de la motoneurona superior e inferior como ocurre en

la ELA y algunos ACV. Hay parálisis o paresia que determina movimientos lentos, de rango limitado, con espasticidad que depende del compromiso relativo de la motoneurona inferior. Perceptualmente, se observa distorsión consonántica, hipernasalidad, voz áspera, habla lenta, monotonalidad, frases breves, distorsión vocálica, monointensidad, exceso e igual acentuación y prolongados intervalos.

En la *disartria mixta espástica-atáxica-fláccida* hay afectación de la motoneurona superior, la inferior y los circuitos cerebelosos de manera variable. Típicamente se observa en la EM. Como es de esperar hay espasticidad, paresia, lentitud y limitación del rango de movimientos y ataxia. Perceptualmente, hay lentitud del habla, con voz áspera y quiebres articulatorios irregulares.

En la *disartria espástica-atáxica-hipocinética* hay un compromiso combinado de la motoneurona superior y los circuitos cerebelosos y extrapiramidal como se da en la enfermedad de Wilson. Se presenta con temblor de intención, rigidez, espasticidad y movimientos lentos. Las características perceptuales son una acentuación reducida, monotonalidad, distorsión consonántica y lentitud en el habla y excesiva e igual acentuación con quiebres articulatorios irregulares.

Evaluación de la disartria

La evaluación nos permite elaborar una descripción detallada del problema, determinar su nivel de severidad y establecer un diagnóstico clínico.

El fonoaudiólogo debe tener en mente el modelo conceptual de salud propuesto en su Clasificación Internacional del Funcionamiento de la Discapacidad y de la Salud (CIF-2001) por la Organización Mundial de la Salud (OMS), con el objeto de comprender de forma global el funcionamiento de la persona y su grado de discapacidad. Para intentar ir más allá de los aspectos neuro fisiopatológicos y atendiendo también elementos comunicativos, sociales, profesionales y emocionales de la persona afectada y su familia.

Según la OMS las *deficiencias*: son anomalías o pérdidas de estructuras-órganos o funciones fisiológicas; las *limitaciones* en las actividades: son las dificultades que una persona puede encontrar al realizar una actividad; las *restricciones en la participación*: son los problemas que experimenta al involucrarse en situaciones vitales.

Por consiguiente las discapacidades provocadas por un disartria pueden entenderse de la siguiente manera:

Deficiencias estructurales-orgánicas: alteraciones en
- Articulación
- Fonación
- Respiración
- Resonancia

Provocadas por parálisis, espasticidad, hipotonía, temblores, restricciones en el recorrido muscular del movimiento, movimientos descoordinados, etc. de la musculatura que está implicada en el habla.

Deficiencias fisiológicas: alteraciones relacionadas con la
- Tasa de habla
- Inteligibilidad
- Prosodia

Limitaciones en la actividad: reducción de las habilidades comunicativas dentro de un contexto físico o social.

- Restricciones en la participación: barreras físicas o actitudinales, las políticas sociales y los servicios de la comunidad que impiden su desarrollo normal en situaciones educativas, sociales y laborales.

Cada una de las pruebas empleadas a lo largo de la evaluación aporta información relevante sobre estos aspectos.

Exploración Neurofisiológica, perceptiva, acústica y la estimación del grado de inteligibilidad y severidad informan de las posibles deficiencias estructurales y funcionales.

Las escalas de independencia funcional comunicativa y el estudio del contexto social dan información sobre las limitaciones en la actividad y las restricciones en la participación.

Realizar una Historia Clínica con los datos relevantes:
- Tipo de lesión
- Fecha
- Tiempo transcurrido
- Áreas cerebrales afectadas
- Periodo de amnesia postraumática
- Pérdida del conocimiento y su duración
- Cuidados recibidos
- Ritmo de evolución
- Tipos de rehabilitación realizados.
- Funciones patológicas a otros niveles: trastornos atencionales, problemas de memoria, planificación, reducida velocidad de procesamiento, motivación.

Todo esto es determinante para decir si es conveniente iniciar o no una terapia, o pronosticar un evolución.

Examen neurofisiológico

Este examen permitirá establecer el grado de Integridad de los pares craneales que controlan los mecanismos implicados en la producción verbal. Es importante recabar información del comportamiento de estos tanto en Reposo, como en una postura sostenida y en Movimiento. Lo cual nos va permitir conocer la estabilidad, fuerza, el recorrido muscular, coordinación, simetría, precisión de los movimientos y tono muscular.

V Par Craneal- Trigémino

Músculos:
- Pterigoideos lateral y medio
- Maceteros
- Temporales
Apertura, cierre y deducción mandibular.

VII -Facial

Músculos implicados en la mímica de la cara en reposo, movimiento y posturas sostenidas.
- Orbicular de los ojos
- Corrugador
- Vientre anterior del músculo occipito-frontal
- Depresor del septo nasal
- Orbicular de la boca
- Depresor del labio inferior
- Depresor del ángulo de la boca
- Mentoniano
- Platisma del cuello
- Risorio y buccinador

IX-Glosofaríngeo Y X-Vago

- Velo del paladar
  - Test de anclaje lingual modificado
  - Pronunciar una (a) sostenida y alternante
  - Pronunciar una (i) con espejo de glatzel
  - Reflejo nauseoso
- Faringe
- Laringe
  - Interconsulta con otorrinolaringólogo
  - Análisis subjetivo por el fonoaudiólogo

XI-Accesorio

Músculos esternocleidomastoideo y trapecio.
- Valorar la simetría y el recorrido muscular del movimiento pidiéndole al paciente que rote la cabeza y que la incline sobre sus hombros.
- Valorar la fuerza de la contracción muscular

XII-Hipogloso

- Integridad lingual:
  - Presencia de atrofia muscular por denervación
  - Aparición de fasciculaciones
  - Las desviaciones en el desplazamiento anteroposterior y lateral de la lengua.
  - Alteraciones en la coordinación.
- Movimientos alternantes repetición rápida de las sílabas (ta) y (ka) durante 10 segundos. 5 a 7 repeticiones por segundo.

Función respiratoria

- Registrar la frecuencia respiratoria: 15 a 20 ciclos por minutos pueden ser indicativos de fatiga muscular.
- Obstrucción de vías aéreas.
- Derivación a un neumólogo.
- *Tiempo máximo de fonación:* inspiración profunda y emita una (a) durante tanto tiempo como sea posible, tono intensidad confortable. 3 veces y se registra el tiempo. Normal 22-33 s para los hombres y 16-25 s para las mujeres. Debajo de 10 s patológico.
- Cociente fonorespiratorio: inspire profundamente y emita un (s) de forma relajada el máximo tiempo posible. 3 veces

Reflejos orales

- Nauseoso
- De mordida
- De succión
- De hociqueo

Exploración perceptiva

La exploración perceptiva nos permite la detección de los rasgos perceptivos alterados más significativos que permiten establecer un diagnóstico diferencial entre los subtipos de disartrias.

Es subjetivo ya que está basado en la percepción auditiva y visual del fonoaudiólogo. De ahí la importancia de realizar una grabación. Requieren una formación previa para garantizar la eficacia de los juicios perceptivos.

Se utilizan escalas de puntuaciones numéricas o cualitativas para determinar la severidad de la afectación en los aspectos como la: Articulación, Prosodia, Tono de la voz, Intensidad, Respiración, Cualidad vocal y resonancia.

Evaluación acústica

Permite establecer correspondencia entre los hallazgos neurofisiológicos y los perceptivos. Esta aporta valores objetivos. Y complementan la información obtenida en las otras exploraciones. Ayudan a establecer con mayor precisión los objetivos de rehabilitación y permiten controlar los progresos y eficacia de la intervención.

El laboratorio de la voz tiene que contar con un conjunto de instrumentos que garanticen un análisis acústico correcto. Análisis acústico de la fonación, de la articulación, de la resonancia y un análisis acústico de la prosodia.

Grado de inteligibilidad y determinación de la severidad

La inteligibilidad constituye uno de los factores más importantes para determinar la severidad de la afectación comunicativa en la persona con disartria.

No existen aún en castellano pruebas objetivas de medición de inteligibilidad.

Escala subjetiva de 10 puntos desarrollada por Duffy (1995)

Nivel de contenido comunicativo: restringido o abierto.

Contexto: puede ser ideal o adverso.

Eficacia comunicativa es normal o precisa reparaciones.

Evaluación de las limitaciones en la actividad

Escala de independencia funcional comunicativa.
Una versión para el paciente y otra para el cuidador.
No existen escalas específicas en castellano.

Nombre: [   ] Edad: [   ] Fecha: [   ]

Diagnóstico: [   ]

(Materiales para la evaluación: linterna, grabadora, cronómetro, lectura: "El abuelo")

1. ANATOMÍA ORO-FACIAL Dentición: Completa ☐ Incompleta (Placa: SI ☐ No ☐)

2. CONTROL MOTOR ORAL

2.1 Cara Normal ☐ Parálisis unilateral: Derecha ☐ Izquierda ☐ Parálisis Bilateral ☐

2.2 Mandíbula Abrir: SI ☐ No ☐ Cerrar: SI ☐ No ☐

2.3 Labios Protruir: SI ☐ No ☐ Retraer: SI ☐ No ☐ Mantiene el cierre por 5 segundos: SI ☐ No ☐

2.4 Lengua Protruir: SI ☐ No ☐ Desviación: Derecha ☐ Izquierda ☐ Retraer: SI ☐ No ☐

Mover a la derecha: SI ☐ No ☐ Mover a la izquierda: SI ☐ No ☐

Mover arriba: SI ☐ No ☐ Mover abajo: SI ☐ No ☐

3. SENSIBILIDAD ORAL Normal ☐ Pérdida unilateral: Derecha ☐ Izquierda ☐ Pérdida bilateral ☐

4. PROCESOS MOTORES BÁSICOS DEL HABLA

4.1. Respiración: Producir una /s/:

Características de la respiración: Normal ☐ Inspiración-espiración forzada ☐ Inspiración audible ☐

Tipo: Costal alto ☐ Costo-diafragmático ☐ Abdominal ☐

Modo: Nasal ☐ Bucal ☐ Mixto ☐

4.2. Fonación: Iniciar una /a/: Tiempo máximo fonatorio /a/: Producir /a/ intensa:

Características de la fonación:

Calidad: Normal ☐ Forzada-estrangulada ☐ Soplada ☐ Húmeda ☐ Temblor ☐

Tono: Normal ☐ Quiebres tonales ☐ Bajo ☐ Alto ☐

Intensidad: Normal / Débil / Aumentada

4.3. Resonancia Velo: Normal ☐ Parálisis unilateral: Derecha ☐ Izquierda ☐ Parálisis bilateral ☐

Movimiento del velo al producir una /a/:

Características
de la resonancia: Normal ☐ Hipernasal ☐ Hiponasal ☐ Emisión nasal ☐ Enunciados cortos ☐

4.4. Articulación

4.4.1. Palabras: /papá/ /mamá/ /baba/ /foto/ /dado/
/tata/ /sesa/ /nana/ /lolo/ /raro/
/yoyo/ /ñoño/ /chocho/ /jaja/ /coco/
/gogo/

4.4.2. Difonos:

Consonántico: /blusa/ /clavo/ /flaco/ /globo/
/plato/ /atlas/ /brazo/ /crema/
/frente/ /grano/ /preso/ /tren/
/dragón/

Vocálicos: /piano/ /laico/ /pie/ /rey/ /ciudad/
/boina/ /cuota/ /piojo/ /reuma/ /tul/
/suave/ /pauta/ /nuevo/

4.4.3. Palabras polisilábicas: /calendario/ /monotonía/ /helicóptero/ /temperatura/

4.4.4. Frases: /abre la puerta/ /venga aquí y siéntese/ /mi mamá me mima/

4.4.5. Lectura oral: "Lectura el abuelo"

4.4.6. Diadococinesias: Producir cada sílaba varias veces: /pa/-/ta/-/ka/
Producir serie: /pa-ta-ka/

4.4.7. Habla automática: Contar del 1 al 10

Características de la articulación:

Vocales: Normales ☐ Distorsión ☐ Prolongación ☐ Quiebre ☐

Consonantes: Normales ☐ Distorsión ☐ Prolongación ☐ Quiebre ☐

Repetición de sílabas: SI ☐ No ☐ Repetición de palabras: SI ☐ No ☐

4.5 Prosodia:

4.5.1. Monointensidad: SI ☐ No ☐

4.5.2. Monotonía: SI ☐ No ☐

4.5.3. Excesivas variaciones en intensidad: SI ☐ No ☐

4.5.4. Breves precipitaciones al hablar: SI ☐ No ☐

4.5.5. Silencios inadecuados: SI ☐ No ☐

4.5.6. Acentuación excesiva y uniforme: SI ☐ No ☐

5. CAPACIDAD FUNCIONAL:

5.1. Naturalidad: Normal ☐ Alterada: Leve ☐ Moderada ☐ Severa ☐

5.2. Inteligibilidad: Normal ☐ Alterada: Leve ☐ Moderada ☐ Severa ☐

5.3. Velocidad: Normal ☐ Alterada: Taquilalia ☐ Bradilalia ☐

5.4. Comprensibilidad (si utiliza información adicional determinar el grado de eficiencia): Buena ☐ Regular ☐ Mala ☐

Describir qué información adicional utiliza el paciente para contribuir a maximizar el mensaje:

Observaciones:

Tratamiento de las disartrias

Los objetivos generales del tratamiento de la disartria son por una parte que el paciente logre satisfacer las necesidades comunicativas cotidianas en relación al daño neurológico con el propósito de que obtenga una mejoría en su calidad de vida y por otra, en la adaptación psicosocial del paciente y su familia, con el fin de que puedan aceptar las limitaciones definitivas. Los objetivos específicos de la intervención están dirigidos a reactivar o mejorar los procesos motores básicos alterados. Sin embargo, en algunos casos, esto no será posible: el trastorno sólo podrá ser compensado a través de medios aumentativos y/o alternativos de comunicación.

Esta es una patología compleja y variada por lo que los programas de intervención deben ser individualizados, incluyendo las estrategias y técnicas de rehabilitación más apropiadas para cada caso.

En la planificación del programa de intervención deben tenerse en cuenta un conjunto de factores básicos que ayudarán a decidir que personas con disartria serán candidatas para iniciar un programa de rehabilitación y que tipo de intervención será más apropiado para cada uno de los niveles del modelo conceptual de salud.

Los factores a tener en cuenta son los siguientes:
- Clínica del paciente, si está estable.
- Agitación psicomotora
- Nivel de alerta.
- Deficiencias cognitivas
- Motivación hacia la rehabilitación
- Conciencia sobre sus déficit.

Toda sesión de rehabilitación fonoaudiológica debe estar estructurada en cuanto al grado de dificultad de los ejercicios que se le prestan al paciente.

Las variables que determina la dificultad pueden ser el número de estímulos, la configuración y la novedad.

Normalmente se distinguen tres niveles de dificultad:
- Bajo: se asegura el éxito de la ejecución

- No muy elevada: alcanzar una ejecución correcta exige un esfuerzo activo por parte del paciente
- Alta

Durante las sesiones debe comenzarse con el segundo nivel de dificultad para pasar al tercero y terminar con el primero, favoreciendo de esta manera la sensación de éxito del paciente y manteniendo un buen grado de motivación hacia la rehabilitación.

Con respecto a la intensidad y modalidad de las sesiones podrá oscilar entre 30 minutos a 1 hora en función de las capacidades atencionales, nivel de alerta y la colaboración del paciente.

También se pueden realizar sesiones cortas que refuercen los aprendizajes, de 15 minutos guiadas por un cuidador instruido previamente por el fonoaudiólogo.

La variedad de técnicas de intervención existentes se clasifica en cuatro grandes grupos:

- Médicas: incluyen tanto los procedimientos quirúrgicos como la administración de fármacos. En ambos casos las prescripciones son realizadas por un médico pero el fonoaudiólogo debe participar desde su incumbencia para sopesar los beneficios de las intervenciones.
- Ayudas técnicas e instrumentales: son un amplio abanico de aparatos que van desde los más sencillos, como prótesis, los amplificadores, pasando por los instrumentos de retroalimentación, hasta los más complejos sistemas alternativos aumentativos de comunicación. Estos últimos pueden tener utilidad puntual en el tiempo, por ejemplo en periodos agudos y luego ya no necesitarlos o al contrario en fases avanzadas de enfermedades degenerativas como por ejemplo , en la Esclerosis Lateral Amiotrófica
- Conductual logopédicas: hacen referencia a todas aquellas técnicas tradicionales de intervención que actúan sobre la conducta del paciente con el fin de mejorar el soporte fisiológico y/ o reducir sus limitaciones funcionales. (Murdoch, 1998)
- Pragmáticas: abarcan todas aquellas estrategias que se aplican sobre el contexto comunicativo y sobre la actuación de los interlocutores de la comunicación.

Teoría del aprendizaje verbal motor y los principios que lo regulan

–   El aprendizaje motor se define como un proceso en el cual una persona adquiere la destreza de producir acciones hábiles por medio de la práctica y la experiencia.

Principios bajo el nombre de Pre- Práctica (MacNeil 1997)
–   Motivación para aprender
–   Corrección de la ejecución
–   Conocimiento general
–   Instrucciones- atención
–   Aprendizaje observacional
–   Pre entrenamiento verbal
–   Conocimiento del cómo

Principios de las prácticas
–   Promueven la adquisición y retención de los aprendizajes.
    –   Consistencia y variabilidad
    –   Práctica bloqueada y aleatoria
    –   Práctica mental
    –   Ejercitación
    –   Autoaprendizaje
    –   Equilibrio precisión-velocidad
    –   Retroalimentación

Tratamiento conductual logopédico

Se dirigen a la mejora de las dificultades observadas en la:
–   Respiración
–   Fonación
–   Resonancia
–   Articulación
–   Tasa de habla
–   Intervención en alteraciones del acento y de la entonación.

Referencias bibliográficas

Darley FL, Aronson AE, Brown JR. Alteraciones motrices del habla. Buenos Aires: Editorial Médica Panamericana, 1978.

Duffy JR. Motor speech disorders: substrates, differential diagnosis and management. First edition. St. Louis: Elsevier Mosby, 1995.

Duffy JR. Motor speech disorders: substrates, differential diagnosis and management. Second edition. St. Louis: Elsevier Mosby, 2005.

González, R. Bevilacqua R. Las disartrias. Rev Hosp Clín Univ Chile 2012; 23: 299 – 309.

MacNeil 1997. Clinical management of sensorimotor speech disorders. Thieme. Nueva York.

Melle, Natalia. Guía de intervención logopédica en la disartria.

Murdoch B. 2001. Traumatic Brain Injury: Associated speech, language, and swallowing disorders. Singular Publishing. Canada.

Webb W, Adler R. Neurología para el Logopeda. 5ta Edición, Barcelona: Editorial Elsevier-Masson, 2010.

CAPITULO VIII.

Trastorno del Lenguaje en el Adulto. Afasia

Prof. Lic. Laura Beatriz Mercado.

En este capítulo abordaremos brevemente los trastornos del lenguaje que pueden afectar a un sujeto un vez culminado su desarrollo, desde la perspectiva fonoaudiológica.

Para iniciar diremos que una persona adulta puede sufrir por lesiones neurológicas trastornos en una o más de sus funciones cognitivas cuyos síntomas pueden evidenciarse a diferentes niveles:

- Trastorno de la comunicación adquirido: demencia, déficit pragmático post ACV, trastornos cognitivos que repercuten indirectamente en el lenguaje y la comunicación.
- Trastorno del lenguaje adquirido: afasia, agrafia, alexia.
- Trastorno del habla adquirido: disartria.

De todos ellos haremos foco en la afasia.

La afasia

Se trata de un cuadro frecuente en la práctica fonoaudiológica, de intervención asegurada (se trata de un trastorno del lenguaje y la comunicación) pero no masivo en cantidad de casos. Por lo cual es muy probable que todo profesional se vea frente a un paciente afásico alguna vez, aunque no tenga oportunidad de profundizar en la clínica y terapéutica como con otros cuadros más frecuentes.

Sin embargo, por algunas particularidades que mencionaremos a continuación, la afasia merece un espacio de formación y reflexión, puesto que encierra desafíos terapéuticos específicos. Veamos en detalle.

DEFINICIÓN:

La afasia es un trastorno del lenguaje adquirido como resultado de una lesión que afecta al cerebro de manera focal y compromete los centros del lenguaje, sus zonas aledañas y /o las vías de conexión de estos.

Como resultado de esta lesión, pueden manifestarse síntomas en diversas funciones del lenguaje: comprensión, expresión, lectura y /o escritura, originados por déficits totales o parciales en el procesamiento de la información.

En la clínica, se observan síntomas lingüísticos diversos que no logran explicar por sí solos la naturaleza del trastorno. Es decir, síntomas iguales pueden tener como origen procesos patológicos diferentes. Por lo tanto, es de suma importancia detectar signos y síntomas patológicos y además lograr una exhaustiva exploración del procesamiento lingüístico antes de pensar en la terapéutica.

DIMENSIÓN LINGÜÍSTICA

Por otro lado, la patología de origen neurológico frecuentemente se presenta con trastornos de otras funciones cognitivas afectadas por la misma noxa. Estas funciones, si bien tienen sustentos neurológicos diferentes al lenguaje, pueden alterar el rendimiento del mismo y generar síntomas que, expresándose en el lenguaje, no se originan en él. Por ejemplo: una persona que ha perdido la capacidad de reconocer un objeto al mirarlo (agnosia visual) no logra denominarlo. El síntoma es la falta de denominación, pero ocurre por no reconocimiento visual en vez de deberse a un error de acceso léxico.

DIMENSIÓN NEUROPSICOLÓGICA

Debemos agregar también, que más allá de la severidad de los déficits lingüísticos y cognitivos, las personas con afasia ven inexorablemente modificada su comunicación. Esta modificación puede deberse a la ausencia de lenguaje fluido, ágil y claro; o bien al ineficaz desempeño de otra función cognitiva también afectada (funciones ejecutivas, atención para citar algunas). Se trata de una afectación de la comunicación secundaria a los déficits del lenguaje o cognitivos, pero que repercute severamente en la calidad de vida de la persona. Esta situación se agrava puesto que, por lo general, el paciente con afasia no es delimitado u orientado en sus actos comunicativos posteriores a la afasia, como ocurre con la marcha, la deglución y otras funciones también afectadas. Estos tienen lugar (y son invitados) en cuanto la persona recupera el estado de alerta (si lo hubiera perdido). La *DIMENSIÓN COMUNICATIVA* del trastorno también debe ser abordada por el licenciado en fonoaudiología.

Ampliando aún más el foco del problema, podemos mencionar que una patología que afecta la comunicación, el lenguaje y las funciones cognitivas modifica múltiples aspectos de la vida del sujeto: familiar, social, emocional, laboral, económico, esparcimiento, sexualidad, etc. deben modificarse en función de las posibilidades y deseos de la persona con afasia.

DIMENSIÓN PERSONAL.

ETIOLOGÍA

La causa primaria de la afasia es una lesión cerebral que compromete a los centros específicos del lenguaje, zonas de procesamiento o fibras de conexión entre estos. Como consecuencia, ocurre una disfunción o funcionamiento anormal, patológico y heterogéneo en el sistema de procesamiento del lenguaje que origina sintomatología diversa, según las zonas alcanzadas por la lesión, la desorganización producida y la compensación espontánea lograda. El resultado es un lenguaje anormal, diferente en cada paciente, que conocemos como Afasia.

Algunos síntomas se relacionan directamente con determinados centros de procesamiento, mientras que otros es imposible ligarlos a zonas delimitadas de lesión. En base al primer grupo se organizó una clasificación de las afasias, desde la perspectiva anátomo clínica (relación lesión – síntoma), valiosa y suficiente para mediados del siglo XIX, pero necesariamente complementada para plantear un tratamiento del lenguaje en la actualidad.

Las causas que generan la lesión pueden ser variadas: ACV, tumores, traumatismos cráneo encefálicos, neurocirugías, etc. Producen una lesión que es irreversible y, por lo general, estable (excepto en los tumores). Estas influyen en el pronóstico, en tanto la recuperación del lenguaje depende de la plasticidad neuronal y de los recursos con que cuenta ese encéfalo (y ese organismo) para reorganizar la función.

CLÍNICA

Por tratarse de la alteración de una función cognitiva compleja, aprendida, multidimensional (Saussure definía al lenguaje como multiforme y heteróclito) debemos asumir que la sintomatología será variada en su manifestación y también en el valor que dicho síntoma tenga para cada sujeto en particular.

Sin embargo podemos reconocer signos distintivos del cuadro afásico:

- Los síntomas aparecen como consecuencia de una lesión cerebral, más allá de la etiología que causó dicha lesión.
- Se producen como resultado del funcionamiento incompleto, anormal, desintegrado, enlentecido o nulo de los circuitos y procesos neurológicos que sustentaban el lenguaje sano.
- Se instalan en un sujeto cuyo lenguaje se ha desarrollado de manera típica hasta el momento de la afasia.
- Se manifiestan en la expresión, comprensión, lectura o escritura, de la lengua materna y /o segunda lengua.
- Algunos síntomas se definen relacionando funciones (ej. repetición peor que lenguaje espontáneo). Otros en relación a lo esperado para la realidad socio cultural y ocupacional de la persona con afasia (que delimita un nivel de desarrollo de lenguaje en función del uso y la experiencia personal).
- Pueden fluctuar como resultado de la reorganización de los circuitos neuronales (neurofisiología), aunque la lesión se mantenga estable.
- Se puede establecer relación entre lesión y síntomas, pero ésta no es rígida.

– Por tratarse de una desorganización del lenguaje, pueden encontrarse síntomas similares a los que aparecen en el desarrollo atípico del mismo.

Entre los síntomas característicos de la afasia, podemos mencionar:

ANOMIAS

Se define como la incapacidad en la selección de una palabra, o en la recuperación de los nombres de los conceptos (Cerebro y Lenguaje. Diéguez-Vide, Peña-Casanova. Ed. Panamericana. Madrid. 2012. Pág.286.) También es definida como la Dificultad para recuperar palabras (Gonzales Lázaro, González Ortuño, "Afasia, de la teoría a la práctica". Ed. Panamericana.México. 2012. Pág. 70)
La denominación es un proceso sumamente complejo y vastamente estudiado, que se sustenta en zonas y circuitos cerebrales bien amplios y distribuidos en zonas cortico-subcorticales que lo hacen sumamente sensible a las dificultades de procesamiento lingüístico. En consecuencia, es un síntoma omnipresente en los trastornos del lenguaje, más allá del proceso que lo origine (sea este en la vertiente expresiva o comprensivo-semántica). Es un síntoma característico de las afasias y difícil de erradicar completamente.
La anomia se manifiesta como una ausencia de la palabra buscada, o una latencia (demora) en su producción. También como una sustitución de la palabra diana por otra palabra, una frase o un neologismo, cuando el sujeto conoce lo que pretende nombrar (es decir la falta de nombre no es atribuible a factores culturales ni educativos). Dentro del procesamiento del lenguaje puede deberse a fallas en el acceso semántico, fallas en el acceso léxico, fallas en la conexión de los anteriores, fallas en la selección y secuenciación fonológica o fallos en la ejecución de la cadena fonémica.

TRASTORNOS DE LA COMPRENSIÓN VERBAL

Es otro de los síntomas característicos y prácticamente omnipresente en los trastornos del lenguaje, que abarcan desde la falta de comprensión de una palabra aislada concreta y frecuente para el paciente, hasta la falla en captar la moraleja de un refrán o comprender expresiones con doble sentido.

Se trata también de un proceso de gran complejidad, que si bien tiene un sustento neurológico relativamente delimitado, necesita velocidad, flexibilidad, indemnidad y retroalimentación para ocurrir exitosamente.

La dificultad de comprensión tiene como contracara el proceso de selección, ordenamiento y combinación del contenido semántico en la expresión del lenguaje. Esto quiere decir, a nivel clínico, que todo síntoma comprensivo será acompañado por una dificultad similar, aunque no rigurosamente simétrica, en la selección semántica en el output lingüístico.

Tendremos entonces personas con afasias severas que podrán expresar un contenido muy pobre, afasias moderadas un contenido netamente familiar y concreto, y, en las más leves, solo fallas a la hora de expresar conceptos muy abstractos, como por ejemplos los relativos a valores éticos.

Debemos aclarar que la falla será semántica o de comprensión cuando se mantenga estable tanto en la modalidad auditivo-oral como en la lecto-escritura. Salvamos de este modo las dificultades de comprensión que pudieran deberse a un déficit de procesamiento auditivo, visual o léxico.

MODIFICACIÓN DE LA FLUIDEZ

Al hablar de fluidez en la afasia hacemos referencia a la cantidad de palabras de que constan los agrupamientos más largos emitidos por el paciente entre pausas. Se trata de un indicador concreto que da cuenta de la facilidad de la persona para realizar el proceso de expresión del lenguaje.

En los trastornos del lenguaje adquiridos la fluidez puede afectarse disminuyendo la tasa cuando hay afectación de los centros del lenguaje expresivo (Afasia de Broca). Se acompaña de articulación laboriosa y reducción de la longitud de la frase.

También puede ser normal o incrementarse por sobre lo normal, cuando se afecta la selección semántica y se mantienen indemnes los centros expresivos (Afasia de Wernicke). En estos casos no hay esfuerzo articulatorio y la extensión de la frase y prosodia son normales.

PARTICULARIDADES EN LA REPETICIÓN

La repetición es la producción de los mismos estímulos lingüísticos que se han oído. Su importancia radica en ser un mecanismo muy utilizado en la rehabilitación (escasamente en situaciones de comunicación natural), puesto que permite brindar al paciente un "modelo lingüístico a imitar", que solo servirá si el paciente tiene posibilidades de repetir lo que escucha.

Desde el sistema de procesamiento del lenguaje, hay varias rutas o recorridos para lograr repetir. Mediante la comprensión, mediante el reconocimiento de la palabra y mediante el trabajo de las rutas perilexicales, más precisamente la de conversión acústico-fonológica. Esta última, implica discriminar la secuencia de fonemas y reproducirla oralmente, sin necesidad de identificar la palabra o comprender su significado. Por ser la más sencilla y la que permite reproducir cualquier contenido, es la que se pondera como síntoma cuando el paciente no logra resolverlo exitosamente.

Para clasificar diferentes tipos de afasia, se considera la repetición en comparación con el lenguaje espontáneo del paciente, asumiendo que en la primera tarea trabaja la ruta perilexical y en la segunda todo el sistema de procesamiento del lenguaje, lo que puede generar compensaciones mediante el uso de procesos sanos.

Cuál es el valor de la afectación de la repetición en una afasia? Supone el daño de los centros específicos del lenguaje o las fibras que los conectan directamente (Área de Broca, de Wernicke y Fascículo Arqueado).

TRASTORNOS EN EL PROCESAMIENTO DE LA FRASE EXPRESIVO O COMPRENSIVO

Mencionaremos aquí un grupo de síntomas que son específicos de los trastornos del lenguaje y que toman como unidad de valoración a la frase (un grupo de palabras) en relación al contenido (mensaje) y no a la cantidad (como considera la fluidez). Los síntomas pueden observarse tanto en la producción como en la comprensión del lenguaje oral o escrito, aunque no necesariamente con el mismo nivel de severidad en un mismo paciente.

Algunos indicadores a observar:
- Cantidad de palabras que combina en una frase.

- Coordinación morfológica dentro de esa unidad (género, número, tiempo verbal).
- Tipo de palabras (de contenido vs. de función).
- Estructuras sintácticas que logra procesar (sujeto-verbo, sujeto-verbo-complemento, preguntas, uso de subordinadas, comparativas, causales, etc.)

Los síntomas relacionados con la cantidad y el tipo de palabras, se presentan en las afasias de expresión. Sin embargo el tipo de estructuras de oración, la comprensión de los elementos individuales y la precisión de la comprensión sintáctica, pueden encontrarse en muchos cuadros.

Clasificación

En coherencia con la variabilidad de manifestación clínica de las afasias y de los enfoques teóricos que las abordan, podemos encontrar en la bibliografía múltiples clasificaciones.

En esta oportunidad, mencionaremos la clasificación por el modelo neoclásico, de base anátomo clínica, por ser la de mayor uso entre los miembros del equipo de salud.

Se basa en la detección de síntomas y su relación con la o las zonas afectadas por la lesión. En este sentido, es una clasificación clara y demostrable, aunque no logra incluir toda la variedad de combinaciones sintomáticas de la patología. La aplicación de test estandarizados para la evaluación del lenguaje en adultos, consigue demostrar la presencia de síntomas y su severidad.

La presencia de anomia es clave para considerar al cuadro un trastorno del lenguaje. Luego las posibilidades de comprensión, la fluidez del lenguaje espontáneo y la capacidad de repetición terminan de circunscribirlo y permiten inferir si la lesión se ubica en la zona silviana o es periférica a ella.

Recordemos que la zona silviana, alrededor de la cisura de Silvio, es la que concentra los centros específicos de procesamiento del lenguaje y su conexión directa. Por lo tanto afasias que tengas déficit en la repetición, nos harán pensar lesión en el área de Wernicke -que recibe la información auditiva-, la zona de Broca, -que organiza la respuesta-, o Fascículo arqueado -que las conecta- .

Asimismo el trastorno en la comprensión, nos lleva a sospechar de una lesión posterior (silviana o extrasilviana); mientras que una fluidez pobre (lenguaje espontáneo no fluido, menos de 5 palabras entre dos pausas) de una lesión anterior (área de Broca o prefrontal).

Considerando la manifestación de estos 4 indicadores, podemos incluir a la afasia en alguno de las tipologías clásicas. Los tipos y presencia de signos se sintetiza en el siguiente cuadro de doble entrada.

	BROCA	GLOBAL	A.M.T.	A.S.T.	WERNICKE	ANOMICA	CONDUCCIÓN	SUB CORTICALES
ANOMIA	SI	SI	SI	SI	SI	SI	SI	SI
FLUIDEZ	NO FLUIDA	NO FLUIDA	NO FLUIDA	FLUIDA	FLUIDA	FLUIDA	FLUIDA	SEMI-FLUIDA
COMPRENSIÓN	PRESERVADA	MUY POBRE	PRESERVADA	POBRE	POBRE	PRESERVADA	PRESERVADA	CPA + CPP - T VARIA
REPETICIÓN	POBRE	POBRE	BUENA	BUENA	POBRE	BUENA	POBRE	CPA + CPP - T +

Referencias: AMT: Afasia Motora Trasncortical; AST: Afasia Sensorial Transcortical; CPA: Afasia Capsulo Putaminal Anterior; CPP: Afasia Cápsulo Putaminal Posterior; T: Afasia Talámica.

INTERVENCIÓN:

La intervención fonoaudiológica frente a la patología afásica es indispensable en tanto se trata de un trastorno del lenguaje y la comunicación.

El foco del tratamiento está centrado en proveer al paciente *estímulos que favorezcan* la *recuperación* del *procesamiento del lenguaje* (parcial o total) al máximo nivel posible para esa persona y al *uso funcional y eficiente* de los recursos lingüísticos disponibles en las *situaciones de comunicación* que enfrenta el sujeto.

La intervención puede iniciarse al momento de detección de los primeros síntomas afásicos y sostenerse, con objetivos, metas y modalidad adecuada, mientras el paciente esté dispuesto a continuar trabajando sobre su condición.

Podemos reconocer diversas líneas teóricas que argumentan la intervención terapéutica sobre los trastornos afásicos que ofrecen una explicación de la naturaleza de la patología, instrumentos de evaluación, clasificación o tipología y planes terapéuticos coherentes. Entre ellas podemos mencionar:

1. Corriente Neoclásico: se origina en el localizacionismo a mediados del siglo XIX. Parte de la evidencia clínica en la relación zona de lesión y clínica de la patología. Se mantiene vigente e incorpora conceptos sobre comunicación, pragmática, neurofisiología y funcionamiento cognitivo para completar su propuesta.

2. Modelo Fisiopatológico: Se origina en Argentina y se desarrolla principalmente en Latinoamérica en la segunda mitad del siglo XX. Su mayor aporte es el análisis neurofisiopatológico de los síntomas lingüísticos y el aporte de recursos terapéuticos en función de la modalidad de desorganización de cada organismo en particular.

3. Modelo cognitivo: basado en el modelo de procesamiento del lenguaje de Ellis y Young (1992), plantea un esquema de procesamiento del lenguaje universal en base al cual se explican la naturaleza de los síntomas afásicos, su evaluación y tratamiento.

4. Modelo neurolingüística: Se origina en la escuela francesa y propone un análisis de los síntomas afásicos, a partir de postulados de la lingüística.

Cada uno de ellos tiene su particularidad en el abordaje y en su conjunto resultan complementarios para la rehabilitación del lenguaje afectado.

Instancias de abordaje:
1. Entrevista inicial y anamnesis.
Es el paso inicial y primer encuentro con la persona con afasia. Frecuentemente es necesario que el paciente sea acompañado por un familiar que aporte datos cuando no logra hacerlo por sí mismo.

Se debe recabar información sobre: Datos personales (filiatorios, administrativos, etc.), antecedentes personales (antecedentes heredofamiliares, antecedentes patológicos y antecedentes no patológicos), enfermedad actual (fecha de inicio, etiología, evolución del cuadro, resultados de pruebas neurológicas y de imágenes, medicación, etc.) y otros datos significativos que pudieran agregarse. (Gonzáles Lázaro, González Ortuño, "Afasia, de la teoría a la práctica". Ed. Panamericana. México. 2012. Pág. 77-78.)

Asimismo, se debe recabar información sobre el paciente en lo referido a las cuatro dimensiones que involucra la afasia (lingüística, neuropsicológica, comunicativa y personal) en dos momentos: previo a la enfermedad y actual.

Al concluir la anamnesis debemos tener una visión general de la envergadura de la patología, sus consecuencias en la vida del sujeto y su grupo familiar, las expectativas de los consultantes, una hipótesis sobre el trastorno afásico y una proyección pronóstica. Toda esta información se corroborará en las siguientes instancias.

2. *Valoración y diagnóstico.*

Se deben explorar en esta instancia todos los procesos y funciones lingüísticas tan minuciosamente como sea necesario. Muchas veces es indispensable valorar el desempeño de otras funciones cognitivas o estados psicoemocionales que pudieran estar influyendo secundariamente en el lenguaje.

Para la valoración lingüística y comunicativa se disponen actualmente de variados instrumentos cualitativos y cuantitativos para realizar ordenadamente la evaluación del paciente con afasia. Los primeros son más flexibles y precisan mayor experiencia del evaluador para percibir e interpretar las respuestas del paciente. Los segundos, son más fiables, estandarizados y facilitan un seguimiento de la evolución del paciente. Sin embargo, en ocasiones, son insuficientes para la valoración de ciertos cuadros.

En líneas generales se valoran las funciones lingüísticas: lenguaje espontáneo, comprensión, expresión, denominación, repetición, lectura y escritura. Instrumentos más recientes organizan sus pruebas según niveles de procesamiento del lenguaje: fonológico, semántico, sintáctico, morfológico, pragmático.

Según el momento en que se realice la evaluación y el objetivo de la misma, será la selección del material a utilizar.

Los objetivos de la evaluación fonoaudiológica en las afasias son:

- Detectar la patología del lenguaje adquirida.
- Identificar la envergadura del trastorno en todas las dimensiones que abarca.
- Caracterizar y nominar el cuadro, a fin de lograr claridad en las comunicaciones con otros miembros del equipo de salud.
- Identificar estrategias terapéuticas que resultan favorecedoras para ese paciente en particular.
- Programar la intervención fonoaudiológica en cuanto a objetivos, frecuencia, modalidad, etc.
- Reevaluar el procesamiento del lenguaje posterior a la ejecución del plan terapéutico propuesto (control evolutivo).

3. Ejecución del plan terapéutico.

El tratamiento fonoaudiológico de la afasia es importante en tanto es la disciplina que se ocupará específica y primordialmente de los déficits del lenguaje y de la comunicación que presenta la persona. Por lo tanto, proponer la recuperación, ya sea mediante la facilitación, reorganización, complementación o suplencia de él o los procesos afectados, supondrá una mejora en el lenguaje y la comunicación y en otras múltiples dimensiones de la vida del sujeto.

La justificación de la terapéutica del lenguaje por lesión cerebral se asienta en los mecanismos de plasticidad cerebral, específicamente en los mecanismos de plasticidad regenerativa, que se ponen en funcionamiento frente a una lesión cerebral. A nivel de neurofisiología diremos sintéticamente que, mediante al reinervación, la suplencia de función y la generación de nuevas neuronas a partir de células madres, se consigue optimizar el procesamiento del lenguaje. De acuerdo con Gonzáles y Gonzáles, *"el objetivo de la rehabilitación es servir de guía para que las reconexiones sean las adecuadas, evitando conexiones anárquicas o de baja funcionalidad"* (Gonzáles Lázaro, González Ortuño, "Afasia, de la teoría a la práctica". Ed. Panamericana. México. 2012. Pág. 109).

Durante los 6 primeros meses, la recuperación es significativa debido a una serie de mecanismos fisiológicos que optimizan el funcionamiento cerebral: desaparición del edema, reabsorción sanguínea, normalización de la hemodinamia, regresión de la diasquisis (efectos de supresión funcional en áreas no lesionadas que están conectadas con la región dañada), entre otros. ("Evaluación neuropsicológica. Intervención y práctica clínica.", Bruna, O.; Roig T; Puyuelo, M.; Junqué, C. y Ruano, A. Editorial Masson. Barcelona, España. 2011. pág 68.) Pasado ese período, la mejoría continua, aunque no de manera tan evidente.

Para finalizar mencionaremos en la rehabilitación metodologías que apuntan a la *reeducación o recuperación* de lo perdido y otras que optan por la *compensación*, es decir, suplir lo perdido. Dentro de las primeras, tomado de Peña - Casanova mencionaremos:

- Escuela de Estimulación del Lenguaje: la terapia se fundamenta en la estimulación adecuada que permita a la persona con afasia acceder a las capacidades de lenguaje indemnes pero bloqueadas por la lesión.
- Escuela de reorganización: su principal exponente es Alexander Luria. Plantea al lenguaje como resultado del trabajo de un sistema funcional cerebral capaz de reorganizarse tras una lesión, en pos de sostener la función (lenguaje y comunicación).
- Escuela pragmática: la comunicación es primordial y el lenguaje secundario. La terapia se basa en la optimización de la comunicación a partir de las capacidades preservadas.
- Escuela Neoclásica: Se basa en los modelos de funcionamiento cerebral clásicos y la rehabilitación se fundamenta en las capacidades intactas del paciente.
- Escuela Neurolingüística: para aplicar la terapia se tienen en cuenta teorías lingüísticas.
- Escuela de neuropsicología cognitiva: la rehabilitación se fundamenta en modelos funcionales del procesamiento del lenguaje.

En el segundo grupo, se incluyen todas aquellas intervenciones de Comunicación Aumentativa que reemplazan el código verbal por otro accesible para el usuario (gestos faciales o manuales, escritura, dibujos, etc.). Claramente no apuntan a optimizar el lenguaje, sino a facilitar la comunicación. Sin embargo, no quita que, facilitando la comunicación se mejoren secundariamente las capacidades lingüísticas del paciente.

Finalmente reconocer la riqueza de líneas terapéuticas existentes en torno a la afasia y la ventaja que ello implica. Lejos de fraccionar la tarea del terapeuta, la posibilidad de seleccionar, priorizar, complementar y combinar (en el caso que sea posible) estos abordajes permite la construcción de un plan terapéutico "a medida" del paciente, la afasia que manifiesta, sus necesidades comunicativas y las posibilidades asistenciales.

Referencias bibliográficas:

Gonzáles Lázaro, González Ortuño, "Afasia, de la teoría a la práctica". Ed. Panamericana. México. 2012.

"Evaluación neuropsicológica. Intervención y clínica.", Bruna, O.; Roig T; Puyuelo, M.; Junqué, C. y Ruano, A. Editorial Masson. Barcelona, España. 2011.

"Cerebro y Lenguaje. Sintomatología neurolingüística." Dieguez-Vide, Peña-Casanova. Ed. Panamericana. Madrid. 2012.

"Neurociencia del lenguaje. Bases neurológicas e implicaciones clínicas". F. Cuetos. Ed. Panamericana. Madrid. 2012.

"Análisis comparativo de las diferentes escuelas. Naturaleza de la afasia y su relación con otras funciones psicológicas". Revista española de Neuropsicología 4,1:72-100. Quintanar Rojas. 2002.

"Disociación de la información conceptual y lingüística a partir de un estudio de caso". F. Cuetos-Vega, L. Castejón. Rev Neurol 2005; 41:469-74.

"La afasia: Conocer para rehabilitar" Anna Basso. Librería Akadia Editorial. Buenos Aires. 2010.

Maria Jesus BENEDET. "Neuropsicología cognitiva." Ed. Observatorio de la discapacidad. Madrid 2002.

"Las Afasias". Alfredo Ardila. 2006. Disponible en internet.

"Guía para el diagnóstico Neuropsicológico". Alfredo Ardila. 2012. Disponible en Internet.

Manual de la Afasia y terapia de la afasia. Helm-Estambrooks y Albert. Ed. Panamericana. 2º edición. 2005.

Acerca de los autores

Vanina Andrea Angiono

Profesora Universitaria. Licenciada en Fonoaudiología. Profesor Titular de la asignatura Seminario de Patología del Lenguaje en la Licenciatura en Fonoaudiología. Profesora titular Diagnóstico y Terapéutica del lenguaje II. Facultad de Ciencias Médicas de la Universidad Nacional de Córdoba. En el ámbito clínico realiza diagnóstico e intervención de trastornos de la comunicación y lenguaje en niños, "Fundación de la Mano" Atención y Seguimiento al Neurodesarrollo.

Pía Coscueta

Licenciada en Fonoaudiología. Certificada en Lidcombe Program. Realizó una pasantía en The Montreal Fluency Centre, Montreal, Quebec, Canadá y Seminarios en Tartamudez, en Boston University, MA, USA y Pacific University, OR, USA. Docente invitada en EsFo, FCM, UNC. (2013, 2015 y 2018). Cursando Especialidad Clínica Europea en Alteraciones de la Fluidez. Thomas More University, Bélgica, Europa. Delegada Córdoba de la Asociación Argentina de Tartamudez. Miembro de la Comisión Directiva de la Asociación Argentina de Tartamudez.

María Cristina Fernández Reutter

Magister en Educación Especial por la Universidad de Deusto, España. Lic. en Fonoaudiología. Profesor asistente concursado de la asignatura Diagnóstico y Terapéutica del lenguaje II, y Profesor Asistente en la asignatura Seminario de Patología del Lenguaje, de la Licenciatura en Fonoaudiología. Escuela de Fonoaudiología. Facultad de Ciencias Médicas de la Universidad Nacional de Córdoba. En el ámbito clínico realiza intervención en Trastornos de la Comunicación y el Lenguaje en niños. Fonoaudióloga miembro del Instituto de Neurología Infanto Juvenil CETES.

Garrot Alicia

Licenciada en Fonoaudiología. Profesor asistente de la asignatura de Neurolingüística, de la Licenciatura en Fonoaudiología. Escuela de fonoaudiología. Facultad de Ciencias Médicas de la Universidad Nacional de Córdoba. En el ámbito Clínico perteneciente al Centro Rehabilitación Neurológica CARDEA, donde realiza intervención en Trastornos de la Comunicación y el lenguaje en Niños y Adultos.

Laura Mercado

Profesora Universitaria. Lic. en Fonoaudiología. Docente titular concursada de la asignatura Neurolingüística de la Licenciatura en Fonoaudiología. Escuela de Fonoaudiología. Facultad de Ciencias Médicas de la Universidad Nacional de Córdoba. En el ámbito clínico privado realiza intervención en Trastornos de la Comunicación y el Lenguaje tanto en niños como en adultos.

Eugenia Sfaello

Licenciada en Psicopedagogía de la Universidad Blas Pascal Psicopedagoga y profesora en psicopedagogía del Instituto Cabred. Realizó su especialización en psicopedagogía y neuropsicología en Buenos Aires: en el Hospital Garrahan y en FLENI, en Montreal, Canadá; Rotante en el Hospital Santa Justina de la Universidad de Montreal, rotante en el Instituto de Neurología de la Universidad de Mc Gill ,rotante en la Clínica privada de Neuropsicología CE-NOP-FL. Se desempeña como psicopedagoga y coordinadora del área de rehabilitación del Instituto de Neurología Infanto-Juvenil CETES y en la Fundación FETENI. Docente titular en la Facultad de Educación de la UCC, en las carreras de Psicopedagogía y Gestión en Educación Especial.

Carolina Ussher

Magister en Neuropsicología. Licenciada en Fonoaudiología. Se desempeñó como Docente Titular en la Escuela de Fonoaudiología, Facultad de Ciencias Médicas de la Universidad Nacional de

Córdoba Creó y coordinó la Unidad de Neurorehabilitación en el Instituto Modelo de Neurología Lennox. En la actualidad participa de protocolos de investigación en Esclerosis Múltiple. En su actividad de neurorehabilitación integra las Neurociencias cognitivas, el concepto castillo Morales y Concepto Brondo.

Reimpreso por Editorial Brujas • marzo de 2020 • Córdoba–Argentina

Made in United States
Orlando, FL
08 September 2023